Bo Bergman

Schweden-Messer

Griffe und Scheiden – selbst gemacht

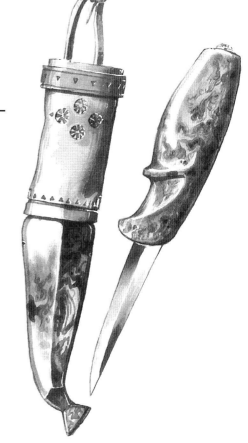

 Verlag Th. Schäfer im Vincentz Network

© 1988 für die schwedische Originalausgabe
»Knivar« (Band 1)
© 1991 für die schwedische Originalausgabe
»Knivar på mitt sätt« (Band 2)
Bo Bergman und ICA-förlaget AB
Zeichnungen und Photographien: Bo Bergman

Deutsche Ausgabe in einem Band
© 1999, Verlag Th. Schäfer
3. inhaltlich unveränderte Auflage 2006
»Schweden-Messer – Griffe und Scheiden selbst gemacht«
Übersetzung: Peter Müller, Menden
Fachliche Beratung: Dr. Günther Heine, Aumühle/Hamburg
Lektorat: Dr. Joachim F. Baumhauer
Gestaltung: Werner Geißelbrecht
Satz: topLetter, Seelze
Umschlaggestaltung: Prengelayout, Uetze
Gesamtherstellung: Schmücker GmbH, Löningen
Hintergrundmotiv: Fotolia

ISBN 3-87870-595-6
Best.-Nr. 9109

03/03/06

Inhalt

4 Vorwort

6 Werkstoff und Werkzeug

22 Klingen vorbereiten

24 Messergriffe aus Holz

36 Messergriffe aus verschiedenen Materialien

43 Messergriffe aus Leder oder Rinde

47 Einfache Messer

51 Verkeilter Griff

53 Leder nähen

56 Handschutz

57 Scheiden aus Leder

65 Scheiden aus verschiedenen Materialien

70 Scheiden aus Holz

71 Einfache Scheiden

72 Halteschlaufen

74 Verzierungen

77 Pflege

80 Zwei praktische Accessoires

85 Klassisches Universalmesser

93 Königliches Messer

102 Messer der Bergbewohner

112 Hälsinge-Messer

120 Traditionsmesser

126 Jagd- und Fischereimesser

132 Prähistorisches Messer

Vorwort

Als ich begann, dieses Buch zu schreiben, freute ich mich sehr auf die Arbeit, trotzdem fühlte ich mich ein wenig unsicher. Das lag daran, daß es so gut wie keine Fachliteratur auf diesem Gebiet gab. Ich fragte mich natürlich warum, aber nirgendwo fand ich eine Antwort. Kurz gesagt, für jeden Bereich des Kunsthandwerks gab es praxisgerechte und moderne Literatur, nicht aber auf dem Gebiet der Messerherstellung.

Beim Schreiben der ersten Seiten wurde ich das Gefühl nicht los, mich auf Glatteis zu begeben. Gehörten die Messermacher vielleicht einer geheimen Zunft an, deren Kenntnisse nicht an andere weitergegeben werden durften? Das konnte doch wohl nicht sein. Würde ich durch meinen »Verrat« die Lebensgrundlage der Leute zerstören, die sich mit dem wunderbaren Handwerk der Messerherstellung beschäftigten? Würde ich die um ihr Brot bringen, die ihr Geld damit verdienten? Auch das war meiner Meinung nach nicht zu befürchten. Um die hohe Professionalität dieses Berufs zu erreichen, benötigt man viel mehr als ein Buch und ein paar Handgriffe; es bedeutet Jahre harter Übung. Ich setzte also meine Arbeit an diesem Buch fort.

Bald stellte sich mir eine andere Frage: Habe ich überhaupt die notwendige Qualifikation und langt meine Erfahrung, um sie an zukünftige Messermacher weiterzugeben? Jahrelange Versuche und Mißgeschicke brachten mir letzten Endes einige hundert Messer ein, die meinen strengen Maßstäben genügten. Das mag alles nicht sehr beeindruckend klingen, aber wenn ich Ihnen erzähle, wie alles begann und welcher Hartnäckigkeit es bedurfte, um die auftretenden Probleme zu lösen, dann verstehen Sie mich vielleicht besser.

Ich interessierte mich schon als Junge für Messer. Mein Großvater war Schreiner. Er drückte mir das erste Messer in die Hand und zeigte mir, was man damit machen konnte. Ab und zu kaufte ich mir ein neues Messer, jedesmal mit dem Gefühl, daß ich endlich mein Traummesser gefunden hätte. Aber die Freude daran verging in der Regel schnell. Irgend etwas stimmte nicht. Etwas Geheimnisvolles und Mystisches steckte in den Messern, das nur zu mir sprach, und ich träumte davon, endlich einmal das perfekte Messer zu finden. So ging ich immer wieder in die Geschäfte und wühlte ständig in Messerkatalogen und Jagdzeitschriften nach dem Ideal. Zum Ende war ich es leid, warf alle gekauften Messer in eine Ecke und interessierte mich für mehrere Jahre nicht mehr für sie.

Eines Tages brauchte ich dringend ein Messer. Ich ging in die Rumpelkammer und kam mit einem alten Mora-Messer mit Holzgriff zurück. Wie winzig sich dieser Griff ausmachte! Er verschwand geradezu in der Hand. Ich ging hinaus und holte auch die anderen Messer hervor. Ich prüfte jedes einzelne mit der Hand – mit dem gleichen Ergebnis: Keins hatte einen geeigneten Griff.

In diesem Augenblick hatte ich den Einfall, den Holzgriff des Mora-Messers zu zerbrechen, um ihn durch einen stärkeren zu ersetzen, der besser in meiner Hand liegen würde. Ich ging in den Wald, fand ein Stück Holz von einem Wacholderbusch, sägte ein passendes Stück heraus und begab mich wieder nach Hause. Nun galt es nur noch, die Klinge in dem Stück Holz zu befestigen.

Noch nie zuvor hatte ich ein Messer von innen gesehen. Nachdem ich den Griff gespalten hatte, entdeckte ich, daß in Teilen davon Löcher von unterschiedlichem Durchmesser gebohrt waren. Am Ende war eine ringförmige Hülse, die den Griff zusammenhielt.

Nach ein wenig Werkelei glich mein erster Wacholderholzgriff dem eines richtigen Messers, auch wenn er durch einen kräftigen Riß verunziert wurde. Das Messer war zwar bald defekt, aber in der Zeit, in der es hielt, hatte ich zum ersten Mal einen Griff, der groß genug für eine Männerhand war.

Von da an entwickelten sich meine Fähigkeiten schnell. Um an Klingen zu kommen, kaufte ich zehn neue Mora-Messer und sprengte die Griffe mit einem Schraubendreher. Langsam, sehr langsam wurden meine Messer nach und nach besser. Schließlich bekam ich eins zustande, das zu mir paßte und auch nicht mehr so schnell zerbrach. Ich hatte, wie man so schön sagt, Blut geleckt.

Weil ich niemanden kannte, den ich um Rat fragen konnte, und es weder ein Buch noch irgendeine Zeitschrift gab, nach denen ich mich hätte richten können, mußte ich mich durch probieren allmählich vorantasten. Jedes neue Problem – und es tauchten ständig neue auf – war auf irgendeine Weise selbständig zu lösen.

Ich hätte ein Vermögen für ein paar simple Tips gegeben. Oft gab ich auf. Aber nach einigen Tagen kam meine Energie zurück. Ich hatte eine neue Lösung gefunden und mußte sie unbedingt sofort ausprobieren. Nachdem ich ein Jahr lang viel geübt hatte, reichte ich einige meiner Messer bei einem großen Wettbewerb ein. Natürlich wurden sie nicht einmal plaziert, aber ich war auf jeden Fall dabei gewesen! Jedem neuen Messer verdanke ich neue Erfahrungen, und das ist bis heute so geblieben.

Viel später erst fand ich in einem Zeitungsartikel eine kleine Beschreibung der Messerherstellung. Zum erstenmal konnte ich das, was ich bis zu diesem Punkt erreicht hatte, mit dem Können eines professionellen Messermachers vergleichen. Ich war überrascht zu sehen, daß ich mich auf dem richtigen Weg befand und fühlte mich an jenem Tage sehr glücklich.

Mir ist bewußt, daß ich den berufsmäßigen Messermachern nichts beibringen kann. Es ist sehr wahrscheinlich, daß sie meine Ratschläge und Anleitungen als ziemlich schlicht und amateurhaft ansehen. In der zweiten Hälfte des Buchs werden Sie jedoch einige Arbeitsanleitungen für Fortgeschrittene finden, die die von mir entwickelte Technik verwenden.

Mein Buch ist für Leute geschrieben, die bei Null anfangen. Geeignet ist es besonders für die, die keine größere Erfahrung mit Holzarbeiten und den dazu benötigten Werkzeugen haben. Es ist ein Buch für alle, die von einem Messer träumen, das ein treuer Freund, Retter und Helfer ist. Und es kann tatsächlich so aussehen, wie man es sich vorgestellt hat. Ich möchte, daß dem echten Anfänger, der noch voller Begeisterung ist, die Schwierigkeiten und Fußangeln erspart bleiben, in die ich damals hineinstolperte. Ich versuche daher, jeden Arbeitsschritt ausführlich zu beschreiben und alle dabei auftauchenden Fragen zu beantworten. Der eine oder andere mag Einwände gegen einen Teil meiner Lösungen haben. Das ist durchaus gut so. Es gibt viele Methoden und Wege, einige davon sind vielleicht besser und einfacher als meine, aber ich weiß heute, daß es mit meiner Technik gut klappt. Nach meinen Methoden kann man dauerhafte, brauchbare Messer herstellen. Ich habe jedes neue Modell draußen in den Wäldern erprobt, bevor ich mich an die nächsten gewagt habe. Deshalb bin ich überzeugt davon, daß mein Buch eine Lücke füllt.

Vergessen Sie Ihr altes Messer und holen Sie Ihre Werkzeuge vom Dachboden! Lassen Sie der Phantasie freien Raum. Nehmen Sie sich etwas Zeit und seien Sie geduldig. Dann können Sie schon bald Ihr Traummesser in den Händen halten.

Viel Glück!

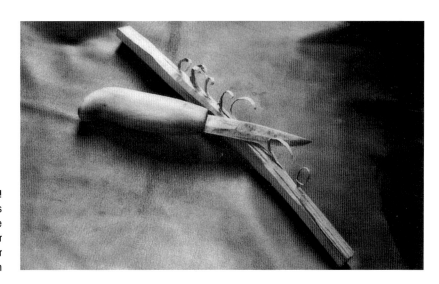

**Mein erstes Messer!
Es hat einen Griff aus
Wacholderholz und die Klinge
eines alten Mora-Messers. Der
Griff riß ein, aber das Messer
war noch zu verwenden**

Werkstoff und Werkzeug

Die altehrwürdige Messerherstellung war vor einigen Jahren noch ein aussterbendes Handwerk. Besonders um die Schmiedekunst war es schlecht bestellt. Inzwischen haben zum Glück junge Leute die abgelegten Werkzeuge und Gerätschaften hervorgeholt und den Schmiedeofen wieder angeheizt. Das neu erwachte Interesse an Messern hat die Schmiede inspiriert, was wiederum andere Messermacher ermutigt hat. Heute arbeitet wieder eine relativ große Zahl tüchtiger Messermacher, die ihrerseits erstklassige handgeschmiedete Klingen liefern können.

Die Klinge ist das Wichtigste

Für die Klinge sollten Sie den größten Teil des Geldes verwenden, das Sie für Ihr Messer eingeplant haben. Sicher ist die Formgebung des Griffes und die Paßform der Scheide wichtig, aber es ist trotzdem die Klinge, die das Messer zum vielleicht vielseitigsten und wichtigsten Werkzeug macht, das der Mensch hat. Auch wenn es vielleicht wehtut, so viel auszugeben, macht sich schließlich doch jeder Pfennig bezahlt und zwar durch erhöhte Haltbarkeit und Schärfe. Das Messer wird so zu einem treuen Begleiter.

Man kann zwar auch jeden billigen Stahl mit der notwendigen Schärfe versehen, aber Sie werden merken, daß diese sich schnell abnutzt. Man hantiert dauernd mit dem Abziehstein, manchmal sogar mehrmals während der gleichen Arbeit. Allerdings ist es unter Umständen besser, einige preiswerte Klingen für die ersten Messer zu kaufen, um damit üben zu können. Sollte irgend etwas mißglücken – und das ist immer zu befürchten –, ist der Verlust nicht so groß.

Die Qualität der Klinge

Woran erkennt man beim Kauf die Qualität einer Klinge? Mittlerweile halten alle heute hergestellten Klingen gewöhnliche Belastungen aus, ohne sich zu verformen.

Sehen Sie sich den Messerrücken von oben an. Eine industriell gefertigte Klinge hat vom Griff bis zur Spitze oft die gleiche Stärke. Eine feine handgeschmiedete Klinge dagegen ist am Griffende immer am stärksten – bis zu 5–6 mm – und verjüngt sich zur Spitze hin. Eine handgeschmiedete Klinge ist so sichtbar stabiler, weil die Belastungen in Griffnähe am größten sind. Wenden Sie die Klinge! Schauen Sie in einem möglichst flachen Winkel die Schneide entlang. Sie muß eine gerade Linie bilden!

Trotzdem ist es sehr schwer, mit einem Blick zu beurteilen, ob eine Klinge gut oder weniger gut ist. Als Laie ist man dabei immer im Nachteil. Die Klinge zeigt ihre Qualität erst, wenn das Messer fertig ist und Sie mit ihm zu arbeiten beginnen.

Das beste ist, die Klinge in der Praxis auf jede Art und Weise zu erproben und sich erst danach eine eigene Meinung zu bilden. Halten Sie das Messer an einen Schleifstein und fühlen Sie, wie der Stein am Stahl angreift. Wenn Sie keinen Schleifstein besitzen, testen Sie die Klinge an einem künstlichen Abziehstein (beispielsweise an einem Diamantschärfwerkzeug), wenn Sie wissen, wie dieses benutzt wird. Überprüfen Sie, ob die Schneide dadurch rauh oder brüchig wird.

Dadurch, daß man die Schneide in verschiedenen Winkeln anschleifen kann, läßt sich für die verschiedensten Zwecke ein spezielles Messer mit ausreichender Schärfebeständigkeit anfertigen. Machen Sie es so, schränken Sie zwar die Vielseitigkeit ein, aber das Messer ist in jeder Lage einsatzbereit. Versteifen Sie sich nicht darauf, herauszufinden, aus welchem Stahl die Klinge ist und ob sie gut oder schlecht ist. Wirklich wichtig ist erstens ein guter Schleifstein, zweitens die Fähigkeit, gut abziehen zu können, drittens das Messer richtig zu benutzen und viertens der Klinge den richtigen Anschliffwinkel zu geben. Mehr zum Thema Schleifen und Abziehen steht in dem Kapitel »Pflege«. Wenn Sie eine Klinge von einem bekannten Hersteller kaufen, können Sie der Qualität vertrauen.

In vergangenen Zeiten war ein tüchtiger Messerschmied ein angesehener und bedeutender Mann, besonders bei den Menschen, die in unseren riesigen Wäldern um ihr tägliches Brot kämpften. Sein Messer zu verlieren war eine Katastrophe. Das Messer war das wichtigste Werkzeug überhaupt. Es half aus vielen Notlagen. Mit ihm konnten eine Harke aus Holz geschnitzt oder repariert, eine Angel für die Haustür hergestellt oder Birken- und Fichtenzweige geschnitten werden. Man konnte für andere Schneidwerkzeuge einen Schaft oder Griff herstellen, beschädigte Scheiden reparieren oder Sohlenleder für die Schuhreparatur ausschneiden. Bei der lebensnotwendigen Jagd zerlegte man mit dem Messer das Elchfleisch und häutete Pelztiere.

Früher kaufte man seine Klinge häufig von einem umherziehenden Händler. Aber meistens bekam man die Klinge beim örtlichen Schmied. Da dieser auch häufig selbst jagte, wußte er, welche Ansprüche an seine Messer gestellt wurden. Ansonsten hatte man Glück, wenn man einen wandernden Schmied oder einen Hausierer traf, allerdings mußte man sich mit der Qualität der mitgeführten Ware zufriedengeben.

Heutzutage beliefern uns die Stahlhersteller mit Stählen von höchster Qualität. Der Werkstoff wird durch Analysen und exakte Einhaltung der Wärmebehandlungs-Vorschriften überwacht, dadurch ist eine Klinge genauso hochwertig wie die andere. Das große Angebot bringt heute eher die Qual der Wahl mit sich, als daß es Vorteile hat. Die größte Auswahl besteht an Klingen aus Kohlenstoffstahl. Grundsätzlich gibt es für Messerklingen zwei verschiedene Stahlqualitäten: Kohlenstoffstahl und rostfreien Stahl.

Klingen aus Kohlenstoff- und Dreilagenstahl

Die Kohlenstoffstahlklinge hat unverdientermaßen einen schlechten Ruf, weil sie angeblich leicht Rost ansetzt. Trotzdem findet man hier die größte Auswahl in vielen verschiedenen Stahlqualitäten. Jeder Hersteller hat eine eigene Meinung, was am besten ist.

Es gibt Klingen, die vollständig aus Kohlenstoffstahl geschmiedet sind, und Dreilagenstahlklingen, die aus zwei verschiedenen Materialien bestehen. Das Innere der Klinge besteht aus einem dünnen Kern harten Stahls, der mit einer Doppelhärtung auf 58 Rockwell (Rc) gebracht wurde. Dieser Kern wird außen mit je einer Lage aus weichem Eisen abgedeckt und damit im Feuer verschweißt. Durch dieses Verfahren kann die Schneide mit

ihrem hohen Kohlenstoffgehalt eine optimale Härte besitzen. Die weichen Außenseiten schützen den harten Kern. So erhält man eine Klinge von hoher Elastizität und Schneidhaltigkeit. Diese Verfahrensweise geht zurück auf die Schmiede der Wikingerzeit, eine tausendjährige Tradition.

Die teuerste und feinste Klinge ist handverschmiedeter Dreilagenstahl. Auch in Schweden ist das heute eine aussterbende Kunst. Meines Wissens gibt es nur einige wenige junge Schmiede, die sie beherrschen und heute noch solche Klingen verkaufen. Sonst gibt es höchstens noch eine Handvoll Schmiede in hohem Alter, die diese Kunst ausüben, für die es wirklich hoher Geschicklichkeit bedarf. Bei dem wichtigsten Arbeitsgang, der Härtung, muß der eingelegte Stahl genau den richtigen Härtegrad erhalten. Dies ist eine Meisterleistung, die Erfahrung, Wissen und einen sicheren Blick verlangt. Wird die Schneide zu hart, bricht sie; wird sie etwas zu weich, verbiegt sie sich zu leicht. Alles hängt von der Geschicklichkeit des Schmiedes ab. Es liegt auf der Hand, daß eine solche Klinge mehr kosten muß.

Alle Kohlenstoffstahlklingen haben gemeinsam, daß sie leicht zu schleifen und abzuziehen sind, sie erhalten dabei eine sehr gute Schärfe. Sie haben aber auch gemeinsam, daß sie empfindlicher auf Feuchtigkeit reagieren. Jedoch, wie ich schon weiter oben erwähnte, ist ihr schlechter Ruf übertrieben. Machen Sie es sich zur Angewohnheit, die Klinge nach jeder Verwendung abzutrocknen, so besteht keine Rostgefahr. Zum Abtrocknen nehmen Sie, was sich gerade findet: Einen trockenen Grasbüschel, etwas Moos oder einfach das Hosenbein. Ölen Sie die Klinge mit Waffenöl oder Fett ein, wenn Sie nach Hause kommen. Ich habe zwanzig oder dreißig Jahre alte, ständig benutzte Mora-Messer gesehen, die immer noch kein bißchen Rost angesetzt hatten.

Es gibt auch industriell hergestellte Klingen aus Dreilagenstahl. In Schweden sind das etwa die inzwischen weltberühmten Klingen aus Frosts Messerfabrik in Mora. Vielleicht hat der eine oder andere von Ihnen schon einmal ein Mora-Messer in der Hand gehabt. Ich will die Mora-Klingen nicht zu sehr loben, aber bestehen durchaus den Vergleich mit anderen, gleich welcher Preisklasse. Der Messermeister Sveneric Loodh benutzt schon seit langer Zeit unter anderem die Kohlenstoffstahlklingen aus Frosts Messerfabrik für einen Teil seiner Messer, und er weiß genau warum.

Auch in Norwegen werden erstklassige Dreilagenstahl-klingen unter anderem von Brusletto und Helle herge-stellt. Ich selbst benutze ausschließlich kurze Mora-Klingen aus Dreilagenstahl mit schlanker Spitze für alle meine Schnitzarbeiten.

Letzten Endes hängt es aber auch vom eigenen Geschmack und Geldbeutel ab, welche Klinge man wählt. Sowohl Kohlenstoffstahl- als auch Dreilagenstahl-klingen sind für alle Arten von Holzarbeiten sehr geeig-net. Beide Sorten sind gut und vielseitig einsetzbar. Welches seine Schärfe am längsten behält, läßt sich nicht messen. Es gibt bis heute keine objektive Methode, um das zu überprüfen. Im übrigen können schon zwei Klingen der gleichen Marke voneinander abweichen. Bilden Sie sich Ihre eigene Meinung.

Rostfreie Klingen

Eine weitere Qualität stellen Klingen aus rostfreiem Stahl dar. Das Angebot an rostfreien Klingen ist immer noch sehr begrenzt, wenn man es mit dem Angebot an Kohlenstoffstahlklingen vergleicht. Zweifellos hat die ver-stärkte Nachfrage zu einer größeren Auswahl geführt. Daß die rostfreien Klingen trotzdem rar sind, könnte da-her kommen, daß dagegen eine tausendjährige Tradition von Kohlenstoff- und Dreilagenstahl steht. Es ist schwer, sich an Neues zu gewöhnen, auch wenn heute jeder von rostfreien Klingen spricht. Eine andere Erklärung für unsere Vorbehalte gegen rostfreie Klingen könnte das alte Gerücht sein, daß es unmöglich oder wenigstens sehr schwer sein soll, sie zu schleifen und abzuziehen. Viele von uns haben schon stumpfe, aber rostfreie Küchenmesser verflucht, die zum Schluß in der hinter-sten Ecke der Besteckschublade verschwanden, aber man übersieht dabei, daß der rostfreie Stahl der Küchen-messer ein sogenannter 18/8-Stahl ist, der nicht gehärtet werden kann. Es ist daher kein Wunder, daß man sie niemals wieder in Ordnung bringen kann.

Heute gehören die Schwierigkeiten beim Schleifen und Abziehen der rostfreien Klingen der Vergangenheit an. Mit dem rostfreien Stahl sind bessere Abziehsteine auf den Markt gekommen. Die traditionellen Abziehsteine aus Sandstein oder Schiefer waren schnell abgenutzt. Heut-zutage gibt es künstliche Abziehsteine, zum Beispiel mit keramischer Bindung, oder die neuen Diamantschärf-werkzeuge. Mit diesen erzielt man auch bei härtestem Stahl eine scharfe Schneide.

Eine rostfreie Klinge ist trotz allem leichter zu pflegen. Für Fischmesser sind sie unschlagbar, ganz besonders, wenn sie in Kontakt mit Salzwasser kommen. Auch mancher Jäger probiert inzwischen Messer mit rostfreien Klingen aus. Ein solches Messer können Sie im Notfall blutig oder mit Fischresten in die Scheide stecken und erst am nächsten Tag reinigen, ohne der Klinge dadurch zu schaden.

Vergessen Sie aber nicht, daß selbst dieser Stahl nicht alles verträgt, auch wenn er rostfrei ist. Speziell an der Schneide kann man trotzdem leichte Rostschäden be-kommen, wenn man ein solches Messer längere Zeit »mißhandelt«. Ein guter rostfreier Stahl hat heute im Vergleich mit Kohlenstoffstahl keine Nachteile mehr. Messer aus rostfreiem Stahl, die während der Jagd oder beim Angeln vernachlässigt werden, verzeihen diese schlechte Behandlung eher als andere.

Nach meinen Erfahrungen bleibt ein rostfreies Messer länger scharf als ein Messer aus Kohlenstoffstahl. Ich glaube, daß viele andere meine Erfahrungen teilen, dies aber bis heute nicht recht wahrhaben wollen. Die Stahlhersteller haben außerdem Untersuchungen ange-stellt, die diese Tatsache bestätigt haben. Rostfreier Stahl wird also seinen Platz behaupten.

Form und Funktion der Klinge

Sie werden schnell merken, daß es viele verschiedene Klingenformen gibt: lange, mittellange, kurze, kleine, kurze schmale, breite, gebogene usw. Da es am Anfang sehr schwer sein kann zu entscheiden, was man kaufen soll, ist es jetzt an der Zeit für einige Erklärungen.

Im allgemeinen ist eine Klinge mit einer relativ kräftigen Krümmung an der Spitze sehr gut als Allzweckmesser geeignet. Viele Alltagsmesser, die zum Beispiel von Schreinern, Jägern und Naturfreunden benutzt werden, sehen so aus. Ein allgemein bekanntes Beispiel dafür ist das klassische Mora-Messer. Eine solche Klinge von 8 bis 10 cm Länge sollten Sie auch für Ihr erstes Messer kaufen. Für ein Allzweckmesser sollte die Klinge ziemlich kurz sein **(Abb. 1)**, denn sie ist dadurch leichter zu führen, und man hat zum Beispiel beim Holzschnitzen mehr Kraft. Mit einem solchen Messer kann man sowohl Fische ausnehmen als auch sein Brot schneiden. Es hat eine ausreichend lange Schneide zum Abhäuten, ist spitz und daher gut für Angler geeignet. Das ist ein guter

Kompromiß und deckt fast alle Arbeitsbereiche ab. Dagegen ist eine Mora-Klinge nicht so gut geeignet, wenn man beispielsweise Figuren oder andere feinere Schnitzarbeiten ausführen will.

Eines sollten Sie nicht vergessen: Es gibt kein Messer, das für alle Arbeiten gleich gut geeignet ist. Schauen Sie sich einen Mann vom Volk der Sami (Sami oder Lappen sind die Ureinwohner von Norwegen, Schweden, Finnland und der russischen Kola-Halbinsel) bei der Arbeit an. Er trägt bis zu vier oder fünf verschiedene Messer bei sich, und jedes ist für einen speziellen Zweck gedacht.

Eine Klinge mit noch stärkerer Biegung an der Spitze wird »Häutungsklinge« genannt **(Abb. 2).** Sie ist im großen und ganzen für nichts anderes geeignet, als Rehe oder größeres Wild zu häuten. Diese sogenannte Drop-Point-Klinge (Klingenform des »Standhauers«) vermindert das Risiko, Löcher in das Gedärm zu stechen, wenn das Messer bei der Öffnung der Bauchdecke auf- und niedergeführt wird **(Abb. 3).**

Wenn Sie häufig Holz schnitzen und feine Details und starke Rundungen fertigen müssen, sollten sie eine entsprechende Schnitzklinge benutzen **(Abb. 4).** Die Klinge sollte sowohl kurz, als auch ziemlich spitz sein, um sie sicher führen zu können.

Ansonsten gibt es eine große Auswahl an Variationen der oben genannten Klingenarten. Die meisten sind für bestimmte Jagdaufgaben gedacht und haben im Deutschen exotische Namen, wie Weidblatt, Nicker oder Standhauer. Da diese Messer sehr spezialisiert sind, gehe ich hier nicht näher auf sie ein. Eine Klinge von 12–15 cm oder länger ist meistens für den Gebrauch bei der Jagd bestimmt. Machen Sie sich daraus niemals ein Allzweckmesser, nur um anderen mit einer solchen Klinge imponieren zu können. Sie werden bald selbst herausfinden, daß so ein Messer in den meisten Situationen nicht sehr hilfreich ist.

Fast alle Klingen haben dort, wo die Schneide am Griff endet, ein Stück, das nicht geschliffen wird, die sogenannte Fehlschärfe. Diese sollte so kurz wie möglich sein, niemals über 5 mm, oder sie sollte am besten gar nicht vorhanden sein, sonst fehlt Ihnen die wichtigste Stelle der Klinge, diese, die die Möglichkeit der größten Kraftübertragung bietet. Wollen Sie nämlich zum Beispiel Späne zum Anzünden eines Feuers schneiden, ist es ge-

nau die Stelle der Klinge, die am dringendsten benötigt wird!

Abb. 1

Klinge für Allzweckmesser

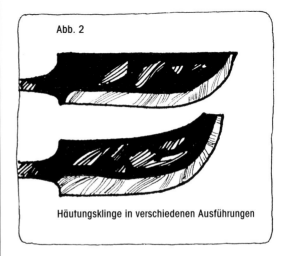

Abb. 2

Häutungsklinge in verschiedenen Ausführungen

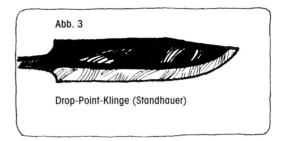

Abb. 3

Drop-Point-Klinge (Standhauer)

Abb. 4

Klinge zum Holzschnitzen

Ein Messergriff aus verschiedenen Materialien: Renhorn, Kiefernwurzelstücke und Rinde

Werkstoffe
für Griffe und Scheiden

Holz

Für den Griff Ihres Messers können sie fast jede Holzart benutzen. Die Wahl des Holzes beeinflußt sowohl das Aussehen als auch die Beständigkeit. Auch das einfachste Modell ohne jegliche Verzierung kann gut aussehen, wenn der Griff aus einem seltenen oder ungewöhnlichen Material gemacht ist. Nichts ist für einen Messermacher spannender, als eine Maserknolle (»Kallus«, knolliger Auswuchs am Stamm) oder eine Wurzelknolle zu zersägen, die man nach langem Suchen entdeckt hat!

Aber glauben Sie nicht, daß es leicht ist, schöne Holzarten für Griffe zu finden. Manchmal findet man sie erst weit ab von jeglicher Zivilisation. Man muß auch vorher ungefähr wissen, wo man zu suchen hat. Maserknollen an Stämmen findet man meistens an den Ufern von Bächen, Flüssen und anderen Wasserläufen. Am leichtesten findet man sie im Winter. In dieser Zeit enthalten sie auch nur wenig Feuchtigkeit. Andere Stellen, an denen sich das Suchen lohnt, sind Einschläge, wo die Baumstümpfe aus der Erde gebrochen wurden, oder in den Astgabeln von zwei kräftigen Laubbaumästen. Vergessen Sie nicht, an frischen Hölzern, die interessant aussehen, einen Probeschnitt zu machen.

Da der Griff besonderen Belastungen ausgesetzt werden soll, ist es wohl am besten, härtere Holzarten zu benutzen. Ich habe schon Wacholder und Eiche, aber auch gewöhnliches Birkenholz benutzt, doch auch Buche, Esche, Eberesche, Mehlbeerbaum und die meisten Obstbäume sind interessant. Obstbäume, aber auch Goldregen, wenn Sie das Glück haben, an letzteren zu kommen, ergeben hübsch gemaserte Griffe mit sichtbaren Jahresringen und feinem Kontrast zwischen Kern- und Splintholz. Der Wacholder hat viel zuwenig Beachtung gefunden. Er ist sehr zäh und fest mit dichtstehenden Jahresringen, hat schöne Farbnuancen und duftet herrlich.

Um ein neues Griffmodell auszuprobieren, schneide ich oft ein Stück frische Esche zurecht. Das geht leicht und schnell, und man findet auf diese Weise heraus, ob das Modell sich für die Herstellung in härterem Holz eignet. Dabei habe ich schon manches teure Stück edleren Holzes gespart.

Abb. 5
Verschiedene Holzsorten für Griffe. Von links: zwei Stücke mit Birkenmaserung, Kiefernwurzel, Salweide, Walnuß, Eiche, Wacholder und Wacholderwurzel

Bei den ausländischen Holzarten gelingt es einem manchmal, gute Abfallstücke von der Gewehrkolbenherstellung – unter anderem Walnuß – zu kaufen. Sie bekommen solches Holz kiloweise und nur in großen Stücken.

Ich habe das Glück, in einer waldreichen Gegend Südschwedens zu wohnen. Fast das ganze Jahr über gehe ich jede Woche auf Waldwanderungen. Es ist eine Gewohnheit, dabei immer ein Auge auf alles Holz zu werfen, das möglicherweise für ein neues Messer geeignet ist. Wenn ich etwas Interessantes finde, frage ich die Ortsansässigen, wem der Wald gehört. Es war niemals ein Problem, für ein geringes Entgelt Holz zu bekommen.

Oftmals habe ich das Holz umsonst bekommen, wenn ich erklärt habe, womit ich mich beschäftige. Übrigens habe ich auf diese Weise auch eine Menge neuer Kunden für meine Messer gewonnen. Erst neulich entdeckte ich in einem Stapel eine große Birke, deren eine Hälfte schön gemasert war. Ohne einen Pfennig zu fordern, überließ mir der Besitzer den halben Stamm gratis, der sonst beim Abfallholz gelandet wäre. Andere Glücksfunde waren Maserholz von der Eiche, Salweide und Erle sowie einige Maserknollen vom Birkenstamm. Gehen Sie niemals an lebende, gesunde Bäume, ohne um Erlaubnis zu fragen, das ist verboten.

Das Maserholz der Birke ist vielleicht das schönste, das man für einen Messergriff bekommen kann. Maserholz wird seit alters her zum Beispiel von den Sami als Material für Schalen, Milcheimer, Käseformen und eben für Messergriffe benutzt. Kellen, Löffel und Fingerhüte werden ebenfalls aus gemaserten Knoten der Birke gemacht. Dieses Holz hat seit Jahrhunderten seine Qualität unter Beweis gestellt.

Wenn Sie das Glück haben und eine Maserknolle am Stamm eines Baumes finden, wie zum Beispiel an einer Birke, holen Sie sich die Erlaubnis des Besitzers und machen sie folgendes: Sägen Sie je einen geraden Schnitt gut 10 cm oberhalb und unterhalb der Maserknolle. Dann schneiden oder schlagen Sie das Stück los. Der gerade Teil wird das Material für den Griff. Achtung! Der Baum muß dazu nicht gefällt werden! Wenn Sie wollen, können Sie den Auswuchs zu Griffen für mehrere Messer aufschneiden. Aber denken Sie daran: Sie müssen ein gutes Jahr warten, bevor das Holz vollständig trocken ist und benutzt werden kann.

Das Maserholz der Birke ist sicher die Holzart, die am häufigsten für Messergriffe benutzt wird. Im Gegensatz zu den meisten anderen Holzarten erhalten Sie hier einen porenfreien Griff, dessen Oberfläche hart, glatt und sehr widerstandsfähig gegen äußere Einflüsse ist. Das Gegenteil davon kann man oft bei Eiche, Buche oder Walnuß sehen. Sie können den Griff solange schleifen, wie Sie wollen, die Oberfläche wird nie so glatt wie die von gemaserter Birke. Andere Hölzer haben dafür andere Qualitäten.

Maserholz kann man sowohl in Form von fertigen Griffstücken ca. $3,5 \times 4,5 \times 13$ cm oder am Stück oder als Brett kaufen. Maserholz ist als Stamm schwieriger zu beurteilen als in Brettform. Sie können ja niemals wissen, wie der Stamm innen aussieht. Maserholz von der Salweide oder Erle ist noch vielfach schöner als das der Birke, aber es ist nicht so kräftig und haltbar. Das gemaserte Birkenholz ist sehr schwer zu bearbeiten und nichts für ungeübte Hände. Man benötigt deshalb scharfe Werkzeuge. Es ist aber eben ein großartiges Material für den Griff. Maserholz ist im trockenen Zustand sehr schwer zu spalten. Es verträgt den Druck einer auf Drehung beanspruchten Angel, ohne zu reißen. Die richtige Nachbehandlung gibt einem Griff aus Maserholz sowohl ein schönes Aussehen als auch die richtige Griffigkeit, wenn er naß ist. Der Griff wird mit den Jahren und der Anzahl der Behandlungen mit gekochtem Leinöl immer schöner. Der größte Teil des gemaserten Holzes kommt heute aus Finnland von einer speziellen Birkenart.

Abfallstücke anderer Holzarten können Sie unter Umständen von einem Lehrer im Fach Werken bekommen. Vergessen Sie nicht, zum Beispiel in eine Bibliothek zu gehen und die Annoncen in Jagdzeitschriften zu lesen. Auf diese Art und Weise kommen Sie an gute Adressen für verschiedene Holzarten. Schauen Sie unter der Rubrik »Diverses« nach.

Horn

Wollen Sie einen Messergriff vollständig aus Horn herstellen oder in einer Kombination aus Horn und Holz wie bei den Messern der Sami, benötigen Sie Horn vom Ren. Man kann aber auch Horn vom Elch oder anderes verwenden, was aber schwierig zu erhalten ist.

Renhorn wird wie Maserholz von den Sami schon seit langer Zeit für Gebrauchsartikel und Schmuck benutzt.

Abb. 6 Hornstücke: links vom Ren, rechts vom Elch

Renhorn wird auch für Intarsien in Holz gebraucht. Nur das Horn der männlichen Tiere taugt zur Verarbeitung, da die Hörner der Kühe und Jungtiere zu klein und zu stark gebogen sind.

Jedes Jahr werfen die Rentiere ihre Geweihe ab, und es wachsen neue nach. Die Qualität des Horns hängt davon ab, wie gut die Weide – vor allem die Winterweide – war, die die Rentiere bekommen haben. Man nimmt vorhandenes abgeworfenes Horn, Horn von Schlachttieren und solches von kastrierten Renböcken. Zur Verarbeitung von Horn braucht man kräftige Stücke mit nur geringem oder keinem Markanteil **(siehe Abb. 6).**

Das hübsche, sich verdickende Endstück eines samischen Messers wird aus dem sogenannten Rosenstock hergestellt. Das ist der Teil des Geweihes, der dem Kopf des Tiers am nächsten ist. Dieser hat den größten Durchmesser des gesamten Hornes, hat kein Mark und ist sehr hart. Das ist die Voraussetzung dafür, die Angel am Ende des Griffes vernieten zu können, ohne daß das Horn platzt oder die Niete in ihm versinkt. Aber glauben Sie mir, es ist sehr schwer, diese Stücke zu bekommen, jedes Rentier hat bekanntlich nur zwei davon.

Das schönste Horn, sagt man, ist das grünlich verfärbte, das man an den alten Schlachtplätzen der Sami finden kann. Gelbliche, sonnengebleichte Geweihe liegen weiter oben in den Bergen. Das so schön in verschiedenen Grau- und Braunnuancen gemaserte Horn entdeckt man

zuweilen in Schlachtereien. Früher wurde das weiße Horn als das schönste angesehen. Es wurde dadurch weiß, daß man es in der Sonne bleichte. Man legte es auch in Wasser oder lange Zeit in eine kalte Quelle. Heute geschieht das nur noch selten. Anstelle dessen läßt man alle Farbnuancen mit der Maserung des Holzes harmonieren.

Das Stück, das am Rosenstock sitzt, ist ebenso wichtig. Es ist das Teil, das die Sami für ihre Messerscheiden aus Horn nehmen.

Leder

Die Ledersorten, die am häufigsten zur Messerherstellung verwendet werden, sind pflanzlich gegerbte Naturleder und rindengegerbte Rinder- oder Renhäute. Zwei Millimeter starkes Leder ist für Messerscheiden gut geeignet.

Pflanzlich gegerbtes Leder wird zum Beispiel mit Hilfe von Baumrinde und Blättern verarbeitet. Als Gerben bezeichnet man den Prozeß, der die rohe Tierhaut in Leder verwandelt. Pflanzlich gegerbtes Leder ist auch für einen Anfänger relativ leicht zu verarbeiten. Es ist frei von giftigen und allergenen Stoffen. Es läßt sich gut formen und nutzt sich nicht so leicht ab. Es dunkelt mit der Zeit nach und wird um so schöner, je öfter man es benutzt. Sie müssen schon naturgegerbtes Leder nehmen, wenn Sie ihm selbst noch Muster und Farbe geben wollen. Kaufen Sie gefärbtes Leder, haben Sie keine Möglichkeit mehr dazu.

Rindengegerbtes Rindleder oder rindengegerbte Rohleder – das Leder für Sami-Messer – wird auf andere Weise gegerbt. Das Ausgangsprodukt ist Kuh- oder Renhaut. Diese wird in einer Lake aus Rinde von Salweide, Birke, Weide oder Erle gegerbt. Die Birkenrinde verleiht der Haut einen dunkleren Farbton, während die Salweidenrinde ein helleres, leicht zu bearbeitendes Leder ergibt. Zum Schluß wird das Leder mit dem inneren Teil der Erlenrinde gefärbt, die vorher zermahlen und mit Wasser vermischt über die Häute gestrichen wird. Erlenrinde gibt dem Leder den sehr schönen und tiefen rotbraunen Farbton. Gerbt man die Haut nicht völlig durch, bleibt in der Mitte eine Schicht Rohleder übrig. Aus solchem Leder macht man sehr harte Messerscheiden. Sie bieten dem Messer einen ausgezeichneten Schutz, und das Leder bleibt sehr widerstandsfähig ge-

Abb. 7

Rinde von
verschiedenen
finnischen
Birkenarten
(Betula pubescens)

gen äußere Einwirkungen. Auch wird die Scheide nicht durch das ständige Herausziehen des Messers beschädigt. Vom Verschleiß her ist es also bedeutend besser als pflanzlich gegerbtes Leder. Der Nachteil ist, daß es für einen Anfänger schwer zu verarbeiten ist. Man muß Kraft haben und es richtig einweichen, bevor es sich formen läßt. Ich empfehle Ihnen daher, daß Sie mit dem pflanzlich gegerbten Leder beginnen und, sobald Sie mehr Erfahrung haben, zu rindengegerbtem Leder übergehen.

Einige Messermacher stellen ihr Leder selbst her, aber da das sehr viel Zeit in Anspruch nimmt, sollten Sie nicht gleich damit beginnen. Wenn Sie später einmal versuchen wollen, selbst Leder zu gerben, empfehle ich einige der ausgezeichneten Bücher, in denen alles zur Lederherstellung nachzulesen ist. Ich habe das Thema in diesem Buch nur am Rande behandelt, da es so vieles gibt, was man zuerst beherrschen sollte.

Der stärkste Faden, um Leder zusammenzunähen, besteht aus Sehne. Er wird sowohl aus der Rückensehne, die vom Sattel ausgeht, als auch aus den Beinsehnen des Rentiers gewonnen. Meistens verwendet man die Sehnen aus den Vorderseiten der Beine.

Leder wird in Quadratfuß gemessen. Ein Quadratfuß Leder hat eine Seitenlänge von ca. 30 cm. Die fertigen Häute werden in der Mitte geteilt, unter anderem deshalb, weil sie dann leichter zu handhaben sind. Benötigen Sie mehr als einen Quadratfuß, kann man meist eine Viertel-, eine Hälfte- oder eine ganze Halbseite kaufen. Das Leder wird um so billiger, je mehr Sie auf einmal kaufen.

Rinde

Als Messermacher haben Sie auch Verwendung für Rinde. Sie eignet sich zum Beispiel besonders gut für die ausgleichende Einlage zwischen den Einzelteilen des samischen Messermodells. Vielleicht wollen Sie auch versuchen, eine Messerscheide ganz aus Rinde herzustellen. Gute Rinde ist dafür eine Voraussetzung. Geriebene Rinde aus Birke oder Erle wird zum Einfärben der Gravuren an einer Hornscheide benutzt. Das Pulver wird mit Leinöl oder Speichel vermischt und mit den Fingerspitzen aufgetragen und anschließend getrocknet.

Die Rinden werden im Frühling, wenn der Saft in die Bäume steigt, abgenommen und in einem luftigen Lager mit Holz oder Steinen beschwert. Wenn Sie sich selbst Rinde holen wollen, aber keine Erlaubnis haben, sie von lebendigen Stämmen zu nehmen, so versuchen Sie es statt dessen mit Rinde von gefällten Birken, die schon aufgestapelt liegen. Die Rinde löst sich am leichtesten

Abb. 8

Weitere Materialien
(von unten):
Schneidenschutz,
Zwingen, Abschluß-
platte, Nietscheiben.
In der Mitte der
Handschutz und
Ausgleichsscheiben
aus Zinn.

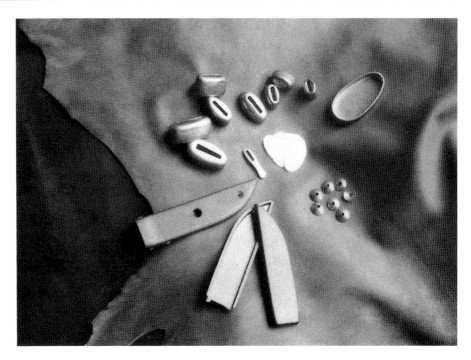

während des Frühlings im Mai oder Juni, wenn der Saft in die Bäume steigt. Nehmen Sie nicht die Unterrinde mit, sondern nur die äußerste Schicht. Herbst- oder Winterrinde ist fester und widerständsfähiger, aber viel schwerer abzulösen. Versuchen Sie es dann, wenn das Wetter nach einer Kälteperiode umschlägt. Größere Rindenstücke können Sie lösen, wenn Sie einen langen senkrechten Schnitt mit einem scharfen Messer machen. Wenn sie sich nicht von allein löst, helfen Sie nach, indem Sie die Hand rund um den Stamm führen **(siehe Abb. 7)**.

Haben Sie nur die Erlaubnis, Rinde von gefällten Birken zu nehmen, so ist es am leichtesten, sie im Frühling zu lösen. Das kommt daher, daß der Stamm Feuchtigkeit zieht, obwohl die Birke gefällt ist. Aber das gilt nur für eine kurze Zeit – deshalb ist es am besten, täglich in den Wald zu gehen und sich die Stämme genau anzusehen. Achtung! Es ist verboten, Rinde von den Bäumen ohne die Erlaubnis des Waldbesitzers zu schälen.

Weitere Utensilien

Zusätzlich zu den bereits erwähnten Materialien brauchen Sie Locheisen, Cutter, Randmesser, Putzholz, Lederleim, Zuschneidemesser, Hammer und Klöpfel, Stahllineale, Zuschneidebretter, Riemenschneider, Lochstecher, Tacksheber, Lederreste, Zierlocheisen, Lederöl und Lederfett, Lederschwärze, Lederfarben, O- oder D-Ringe, Werkzeug für die Nieten und Ösen. Aluminium und Messingblech in verschiedenen Stärken findet man unter anderem im Eisenwaren- oder Schrotthandel. Schauen Sie sich Abb. 8 mit weiteren Metallteilen für das Messermachen an.

Ein ausgezeichneter Start für Ihre Karriere als Messermacher kann ein fertiger Messerbausatz sein. Darin findet sich alles, was man braucht, und es gibt solche Bausätze für verschiedene Schwierigkeitsgrade.

Abschließend möchte ich Sie darauf hinweisen, daß alle Materialien von bester Qualität sein müssen. Das gilt sowohl für das Holz als auch für Horn, Leder und andere Dinge. Dies ist eine Voraussetzung dafür, daß Sie mit dem fertigen Messer zufrieden sind, sowohl in bezug auf das Aussehen als auch auf die Haltbarkeit.

Abb. 9   Werkzeuge zur Messerherstellung:

1. Epoxyd-Kleber (Zweikomponentenkleber)
2. Holzleim
3. Abklebeband
4. Bügelsäge
5. Kleine Bügelsäge
6. Metallsäge
7. Halbrunde Feile, Rundfeile, Holzraspel

8. Schraubzwinge
9. Leimklemmen
10. Laubsägzwingen
11. HSS-Bohrer (1–10 mm)
12. Laubsäge
13. Schraubendreher
14. Zirkel

15. Ahle
16. Bohrwinde mit Schlangenbohrer
17. Kugelhammer
18. Gummihammer
19. Stecheisen
20. Mora-Messer
21. Stahl- oder Aluminiumlineal

Werkzeug zur Messerherstellung

Viele der Werkzeuge, die Sie zum Messermachen benötigen, liegen wahrscheinlich schon bei Ihnen zu Hause in der Werkzeugkiste, und Sie sind mit deren Gebrauch vertraut **(Abb. 9)**. Denken Sie nicht, daß für Ihr Traummesser eine riesige Sammlung von Werkzeugen und Hilfsmitteln unabdinglich ist. Lernen Sie, das Werkzeug, das Sie haben, besser und effektiver zu nutzen, und lernen Sie die Eigenarten eines jeden Werkzeuges kennen. Sie werden überrascht sein, was diese kleinen Helfer alles bewerkstelligen können.

Wenn Sie nicht viele Werkzeuge besitzen – vielleicht haben Sie seit der Schulzeit nicht mehr damit gearbeitet –, setzen Sie sich erst einmal hin und denken Sie nach. Kennen Sie einen Freund, Bekannten oder Nachbarn, der Werkzeug hat, das er selbst nicht so häufig benutzt? Vielleicht leiht er Ihnen das Werkzeug, bis Sie selbst die Möglichkeit haben, eigenes anzuschaffen. Bis dahin wissen Sie auch besser, mit welchem Fabrikat Sie am besten zurechtkommen. Falls Sie so gut wie keine Werkzeuge besitzen, warum fragen Sie nicht einfach den

Werklehrer an der Schule Ihrer Kinder? Vielleicht bietet sich dann sogar die Möglichkeit, den Werkraum am Abend oder an Feiertagen zu benutzen.

Wichtig ist, daß Sie immer daran denken, beim Kauf von neuen Werkzeugen oder anderen Hilfsmitteln auf die Qualität zu achten. Sicherlich – Ihre Ausgaben sind höher, aber jede Mark macht sich später bezahlt, da Sie so bessere Ergebnisse erzielen und das Werkzeug länger hält. Legen Sie sich besser keine kompletten Schnitzwerkzeug-Sätze zu, wenn Sie Ihre Messer verzieren wollen. Kaufen Sie lieber ein oder zwei wirklich praxisgerechte Werkzeuge von bester Qualität. Viele Werkzeuge sehen überzeugend aus und können vielleicht Ihr Selbstvertrauen für einige Stunden stärken. Aber eine zu große Auswahl ist Erfindungsreichtum und Schaffenskraft abträglich. Benutzen Sie Kopf und Hände, um Lösungen zu finden.

Die wichtigsten Werkzeuge

Sie brauchen einige Schlangenbohrer mit dazugehöriger Bohrwinde. Am besten und effektivsten ist natürlich eine Bohrmaschine. Eine Bogensäge mit einem Sägeblatt ist für Metallarbeiten nützlich. Eine kleine Bügelsäge ist preiswert und vielseitig verwendbar. Besorgen Sie sich Sägeblätter sowohl für Holz als auch für Metall. Aber

denken Sie daran: Wenn Sie ein Sami-Messer mit einer Scheide aus Horn anfertigen wollen, brauchen Sie eine Bügelsäge und eine Laubsäge oder Stichsäge mit Sägeblättern für Metall und Holz. Für Nietarbeiten ist ein Kugelhammer erforderlich. Eine halbrunde Feile ist genauso wichtig wie eine Rundfeile. Eine Raspel wird für die Grobbearbeitung von Holz oder Horn benötigt.

Weitere empfehlenswerte Werkzeuge sind ein gewöhnlicher und ein sehr kleiner Schraubendreher, außerdem auch eine runde und eine kantige Ahle sowie ein Mora-Messer und ein Zirkel. Besorgen Sie eine Schraubzwinge mit 30 cm Spannweite und einige Leimklemmen sowie Laubsägezwingen.

Ferner brauchen Sie Abklebeband, um die Klinge zu schützen, dazu ein Lineal, am besten mit Stahlkante, außerdem Holzleim und Epoxyd-Kleber, ein Stecheisen von 10 mm Breite, Bleistift, Schleifpapier mit Körnungen von 80 bis herunter zu 180, einen Schraubstock, etwas 1,5 mm starken Kupferdraht und einen Holz- oder Gummihammer. Werkzeuge, die Sie bald brauchen werden, sind ein Meßschieber, eine oder mehrere kleine Feilen, ein kleines Hobbymesser (ein Messer Typ »Cutter« mit verschiedenen Klingen für Papier, Leder, etc.) und einige rotierende Fräsköpfe für Holz zum Einsatz in der Bohrmaschine.

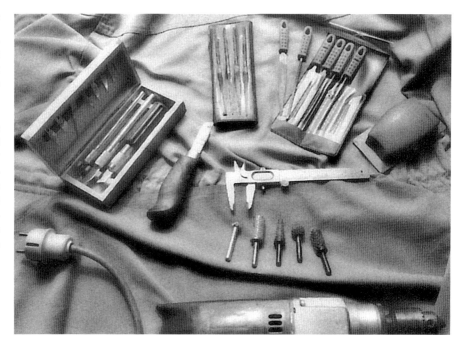

Abb. 10

Werkzeuge, die Sie benötigen (von links): Hobbymesser mit verschiedenen Klingen, ein Set kleiner Feilen, feinste Feilen für Holz oder Metall, Dreifuß (dieses Werkzeug ist auf dem Foto nicht abgebildet), rotierende Fräsköpfe für Holz, ein Messer zum Hornschnitzen und eine Bohrmaschine

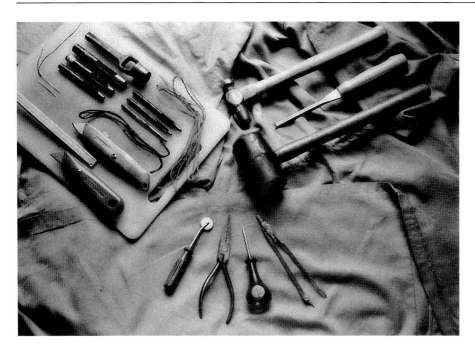

Abb. 11

Werkzeuge für
Lederarbeiten
(von links):
Stahllineal, Stanley-
Messer, Schneidbrett,
Zirkel, Gummi-
hammer, verschiede-
ne runde Locheisen,
Stecheisen, Hammer,
Sattlernadeln, Ahle,
Pechschnur, Kopier-
rädchen und Spitz-
zange

Werkzeuge für Lederarbeiten

In diesem Abschnitt zeige ich Ihnen die Werkzeuge, die Sie bei der Herstellung von Messerscheiden brauchen. Man benötigt nicht viele Werkzeuge, also machen Sie sich keine Sorgen. Wie bei den Holzarbeiten, besitzen Sie sicher schon einige geeignete Werkzeuge. Wenn man nur ab und zu mal eine Messerscheide machen will, sollte man sich das Lederwerkzeug vielleicht besser ausleihen **(siehe Abb. 11)**.

Ein Stahllineal oder Holzlineal mit Stahlkante ist wichtig. Es sollte höchstens 30 cm lang sein, wenn Sie es nur für Leder benutzen. Lineale aus gewöhnlichem Kunststoff sind angesichts der Kraft, die beim Schneiden von Leder erforderlich ist, ungeeignet. Nach kurzer Zeit ist die Kante beschädigt und Sie können schnell einmal abrutschen und sich in die Finger schneiden. Wenn Sie einen Streifen Schleifpapier auf die Rückseite ihres Lineales kleben, verrutscht es nicht so leicht.

Ein Stanley-Cutter mit auswechselbaren Klingen ist der einzige Messertyp, der genügend Stabilität hat, um Leder sicher zu schneiden. Die gerade Standardklinge eignet sich gut, um damit auf einer festen Unterlage zu arbeiten. Messer mit Klinge, die verschoben und abgebrochen werden kann, sind für Leder leider zu weich. Sie brauchen für diese Arbeiten eine sehr steife Klinge, die gleich-

zeitig so dünn wie möglich ist. Sicher haben Sie zu Hause ein Schneidbrett aus Kunststoff oder Nylon. Es ist eine ausgezeichnete Schneidunterlage, aber nur, wenn alles Fett gründlich abgespült wurde. Andernfalls ist ein kleines Schneidbrett nicht teuer, es ist ein wichtiges Hilfsmittel. Ihre Werkzeuge halten auf jeden Fall länger, aber auch eine Unterlage aus Holz oder Kork kann gute Dienste tun.

Ein Zirkel mit Stellschraube zum Fixieren des eingestellten Maßes hilft Ihnen. Hiermit vermessen Sie Abstände, markieren Säume und übertragen Kurven.

Sie brauchen einen Hammer aus Kunststoff, Nylon oder Gummi. Am besten, aber auch am teuersten, ist ein Lederhammer. Dieser wird benötigt, um auf die Lederwerkzeuge zu schlagen. Am wichtigsten ist er für die Locheisen. Ich warne Sie davor, einen gewöhnlichen Metallhammer dafür zu benutzen. Der würde die Köpfe der Werkzeuge sehr schnell beschädigen.

Zum Lochen verwendet man runde Locheisen. Das geht auch mit einer sogenannten Revolverlochzange, aber nur an leicht zugänglichen Stellen. Ich selbst benutze nur Locheisen in verschiedenen Abmessungen von 2–25 mm. Beginnen Sie mit drei Stück, zum Beispiel 2, 4 und 6 mm, und ergänzen Sie Ihr Sortiment später. Möchten Sie wirklich schöne Löcher machen, müssen

Sie etwas mehr in die Locheisen investieren. Nehmen Sie ein Schneidbrett als Unterlagen und schlagen Sie mit dem Hammer senkrecht von oben. Bleiben Lederstückchen im Locheisen stecken, drücke ich sie mit einem Stück Stahldraht heraus. Möchten Sie ein Langloch machen, schlagen Sie zwei Löcher mit dem Locheisen und entfernen Sie das Leder dazwischen mit dem Stecheisen. Es gibt auch Locheisen für Langlöcher, aber die sind teuer.

Für einige Lederarbeiten brauchen Sie ein Stecheisen von 10 mm Breite und einen Hammer, um Nieten zu verbinden. Für die Sattlernähte auf der Rückseite von Lederhülsen oder Scheiden sind ein paar Sattlernadeln der Größe Nr. 3 erforderlich. Die Nadeln sind stumpf, da man durch vorgestanzte Löcher vernäht. Sie benötigen auch eine Ahle, am besten mit auswechselbarer Spitze. Die Lederahle ist nicht ganz rund, sondern etwas abgeflacht.

Zusätzlich brauchen Sie Schnur aus Sehne. Sie ist am haltbarsten und am besten, aber auch am teuersten. Pechschnur ist wahrscheinlich die gebräuchlichste Alternative. Diese gibt es in Natur oder schwarz gefärbt.

Wollen Sie keine fertige Pechschnur kaufen, können Sie Schnur auch selbst mit Pech versehen. Das geht ganz einfach: Beschaffen Sie sich zuerst Leinenzwirn (18/3 oder 20/3) und ein bißchen schwarzes oder gelbes Wachspech. Erwärmen Sie das Pech ein wenig über einer Wärmequelle, und ziehen Sie die Schnur hindurch. Man kann auch den Leinenzwirn mit einem Lederstück reiben, so daß Reibungswärme entsteht. Ziehen Sie dann die aufgewärmte Schnur durch das Pech. Denken Sie daran, daß schwarze Pechschnur leicht auf Naturleder abfärbt! Leinenzwirn eignet sich auch hervorragend zum Nähen. Man kann ihn mit oder ohne Wachs kaufen. Es näht sich leichter mit gewachster Schnur. Kaufen Sie gleichzeitig auch ein Stück Bienenwachs, und ziehen Sie den Zwirn hindurch, auch wenn er schon vorher behandelt wurde. Entfernen Sie das überschüssige Wachs. Eine passende Stärke für Leinenzwirn ist 18/3, wobei 18 die Garnstärke ist und 3 angibt, daß das Garn aus drei einzelnen Fäden verzwirnt wurde.

Leder kann man ansonsten mit vielem vernähen, angefangen mit Zahnseide über Metalldraht bis hin zu Stickgarn. Jedoch sind Sehnen, Pech- und Leinenschnur die gebräuchlichsten Mittel. Das Kopierrädchen markiert schnell, einfach und exakt, so daß Sie zwischen den Löchern mit exaktem Abstand nähen können. Ich benutze eine lange Flachzange, um die Nadel durch enge Löcher zu ziehen oder um alte Nieten zu entfernen.

Im übrigen gibt es eine ganze Reihe mehr oder weniger geeigneter Werkzeuge und Hilfsmittel zur Lederbearbeitung. Ich habe hier die genannt, die fast immer erforderlich sind, um eine Scheide oder Hülse anzufertigen. Es ist schwierig, auf sie zu verzichten. Auf Ihrer Wunschliste werden möglicherweise Randmesser stehen, Riemenschneider, Tacksheber, Zierlochnadeln, Zierlocheisen, Werkzeug für Druckknöpfe, Falzbein, Dreifuß, aber Ihre eigene Arbeitserfahrung wird Ihnen zeigen, was Sie selbst am meisten brauchen werden.

Der Arbeitsplatz

Sie brauchen nicht viel Platz, um Ihr eigenes Messer herzustellen. Fast jeder kleine Raum oder jede Ecke kann dafür Platz bieten. Ich habe selbst noch nie eine eigene Werkstatt gehabt, sondern habe alle meine Messer in einem kleinen Waschraum von $1,5 \times 1,5$ m hergestellt. Das ging ganz wunderbar zwischen Wäschekörben und trocknender Kleidung – in einer verständnisvollen Familie. Auf jeden Fall brauchen Sie einen Arbeitstisch. Eine richtige Werkbank stand lange auf meiner Wunschliste, aber ich komme auch ganz gut mit meiner kleinen zusammenklappbaren Werkbank aus. Diese ist vielseitig, und man kann dort die gleichen Arbeiten machen wie auf einer großen. Zusammengeklappt nimmt sie fast keinen Platz weg. Jedesmal, wenn ich gearbeitet hat, wird gefegt oder Staub gesaugt, damit der Raum ansehnlich bleibt.

Wichtig ist eine gute Lichtquelle. Eine verstellbare helle Arbeitslampe oder ein großes Fenster sind ideal. Vorteilhaft ist auch ein Papier- oder Abfallkorb und ein Platz, an dem Sie Ihre Werkzeuge unterbringen können. Wollen Sie Ihren Arbeitsplatz richtig gut in Ordnung halten, ist ein Regal für das Werkzeug nützlich. Das schützt die Werkzeuge und sie sind leichter zu finden. Wenn die Wände dafür geeignet sind, können Sie kleine Lederstücke mit zwei Nägeln befestigen. In diese Schlaufen kommt das Werkzeug. Rechnen Sie damit, daß mit der Zeit viele Kleinteile zusammenkommen. Andere Dinge, wie zum Beispiel Leinöl, Terpentin oder Lederfarbe, werden in einem Schrank untergestellt.

Das Holz müssen Sie an einem luftigen, mäßig warmen Ort lagern, um Rißbildung zu vermeiden. Für uns, die wir auch in der Natur unsere Materialien zusammensuchen, ist die lange Trockenzeit und das Risiko der Rißbildung ein Nachteil, den wir in Kauf nehmen müssen. Lagern Sie Holz zum Trocknen niemals bei Zimmertemperatur oder gar höheren Temperaturen. Meine Stücke liegen die erste Zeit unter dem Vordach im Freien. Mit der »ersten Zeit« meine ich die ersten sechs Monate. Ein Keller ist auch ein guter Trockenplatz. Vermeiden Sie einfallendes Sonnenlicht. Reiben Sie alle Schnittflächen mit einer dicken Lage gewöhnlichen Holzleims ein, aber belassen Sie die Rinde auf dem Holz. Sechs bis neun Monate später können Sie das Holz bei Zimmertemperatur unterbringen, aber beobachten Sie es weiter. Entdecken Sie Ansätze von Rissen, müssen Sie die Stücke schnell wieder hinauslegen. Gönnen Sie dem Holz eine nochmalige Behandlung mit Holzleim.

Einige Monate später können Sie nochmals versuchen, das Holz hereinzuholen. Wenn alles gut gegangen ist, können Sie es in ca. 3 bis 4 cm dicke Stücke schneiden und die endgültige Trocknung vornehmen. Setzen Sie es zu Stapeln so auf, daß sich eine Luftschicht zwischen jeder Lage befindet. Indem Sie jedes Holzstück wiegen, können Sie beobachten, wie der Feuchtigkeitsgehalt sich stabilisiert. Wenn Sie zu ungeduldig sind und ein Stück zu früh verarbeiten, kann der Griff des Messers sogar noch sehr viel später reißen. Von den Sami habe ich eine Methode zum Schnelltrocknen: Ich koche die Maserknollen oder andere Holzteile für ein paar Stunden in leicht gesalzenem Wasser; je größer das Stück, desto länger. Anschließend wird die Rinde ganz entfernt. Das Kochen zieht den Saft aus dem Holz und vermindert so das Risiko der Rißbildung. Nach dem Kochen wird die Oberfläche wieder mit Holzleim eingestrichen. Am besten gibt man dem Holz seine grobe Form vor dem Kochen. Grundsätzlich holt man alles Holz in der Winterzeit, es enthält dann am wenigsten Saft, und trocknet es langsam.

Zu Beginn meiner »Lehrzeit« als Messermacher versuchte ich, das Risiko der Rißbildung dadurch zu vermindern, daß ich das Holz in Plastiktüten verpackte. Aber die Folge war, daß das Holz schimmelig wurde, sich verfärbte und sehr schlecht roch. Wenn ich es danach auf die übliche Weise weiter trocknete, blieben die Verfärbungen, sie waren durch das ganze Holz gedrungen. Das ergab eine ungewöhnliche und hübsche Prägung auf sonst ziemlich schlichtem Holz. Allerdings man muß diese Prozedur abbrechen, bevor die Verfärbungen in Fäulnis übergehen.

Das Leder und was dazugehört, zum Beispiel Pech, Sehnenschnur, Nadeln usw., liegen in einer eigenen Ecke meines Arbeitsraumes. Das Leder lagert man am besten aufgerollt, zum Beispiel auf einer leeren Küchenpapierrolle. Dadurch wird das Leder nicht geknickt oder gedrückt und bekommt so keine unschöne Stellen, die niemals wieder verschwinden. Lassen Sie Leder niemals im Sonnenlicht liegen, das gibt Flecken auf der Oberfläche.

Das einzige Problem, das ich mit meiner Arbeitsbank habe, ist, daß sie zu schwach ist, um einen Schraubstock daran zu befestigen. Ich löste das Problem mit einem Hauklotz von etwa 1 m Höhe, den ich in einem Schuppen habe. Er ist schnell hereingeholt, wenn ich mal eine Angel oder Leder vernieten muß.

Ein paar letzte Ratschläge

Das Messer ist unentbehrlich für die Arbeit der Menschen im Wald, im Fjäll und in der freien Natur. Früher war das Messer noch mehr als heute ein wirkliches Universalwerkzeug. Es wurde gepflegt und als teurer Besitz betrachtet. Es wurde lange benutzt und ging als Erbe vom Vater auf den Sohn. Wenn man solch ein altes Messer in seinen Händen hält, wird man sich fragen, wer es wohl hergestellt haben mag. Ich glaube nicht, daß er daran gedacht hat, viel Geld damit zu verdienen. Vielleicht hat er es auch für seinen eigenen Bedarf hergestellt, oder er schenkte es einem Freund oder Verwandten.

Auf jeden Fall muß die Freude groß gewesen sein, ein so nützliches und gleichzeitig schönes Messer zustande gebracht zu haben, und sicher hing das Herz des Messermachers daran. Es war keine Massenware und kein Wegwerfprodukt. Man arbeitete daran solange, wie es notwendig war. Reichten ein Tag oder eine Woche nicht aus, so durften es auch zwei Wochen oder ein Monat werden. Man arbeitete daran, drehte und wendete es, betrachtete es immer wieder aus unterschiedlichen Winkeln, so daß es nicht nur nützlich, sondern auch schön wurde. In solchen schlichten Gebrauchsgegenständen wurde viel Liebe hineingelegt, und ist nicht solch ein Geschenk das schönste was man bekommen kann?

Beim Herstellen des Messers folgte der Messermacher den Traditionen der Vorväter. Etwas von diesen alten Idealen und Einstellungen würde ich den heutigen Messermachern wünschen. Man sollte viel häufiger für das eigene Vergnügen und mit Freude arbeiten. Die Entdeckerfreude und die Befriedigung, mit eigenen Händen etwas geschaffen zu haben, das im Alltag seinen Platz hat, sind unvergleichlich. Man ist auf Entdeckungsreise gegangen und hat sein Bestes gegeben.

Wenn Sie erst die Freuden des Messermachens entdeckt haben, werden Sie auch Geschicklichkeit entwickeln. Lieben Sie Ihre Arbeit, so werden Sie bald ein guter Messermacher sein. Fühlt man nichts in sich, so wird das Resultat schlecht. Genau darin besteht der Unterschied zwischen einem Holzstück mit ein bißchen Eisen darin und einem echten Kunstwerk. Lassen Sie sich nicht entmutigen, weil Sie anfänglich glauben, daß alles schiefläuft. Machen Sie ein paar Stunden oder auch Tage Pause und versuchen Sie es neu. Ihre Erfahrung wird mit Ihnen wachsen. Haben Sie Geduld mit sich selbst und mit dem, was Sie machen. So kommen Sie zum Ziel.

Ich möchte hier die Worte des Sami-Schnitzers Lars Piraks aus seinem Buch »Sameslöjd« (»Das Handwerk der Sami«) zitieren:
»Ich habe viele halbfertige Gegenstände in meinem Atelier. Das Holz soll erst ordentlich trocknen und ich möchte mich mit meinen Materialstücken befassen. Manchmal nehme ich einen halbfertigen Gegenstand und betrachte seine Struktur und Form. Er kann durchaus auch noch einen Monat länger liegen. Vielleicht entdecke ich ein neues Detail in der Gestalt und Maserung des Holzes, das ich in der Gesamtkomposition herausarbeiten kann. Eines Tages – vielleicht nach einem Jahr – beginne ich mit dem Werkstück zu arbeiten. Ich schleife mein Handwerkszeug. Die knotigen Wurzelstücke der Birke brauchen Zeit und Kraft. Der Schweiß rinnt mir hinab und die Handflächen brennen. Die Axtschläge hallen dumpf nach, und die Späne fallen wie Laub auf den Boden. Vor der Trocknung habe ich die Maserknollen der Birke grob zugehauen und sie in Rentierbouillon gekocht. Nun ist es an der Zeit, das Werkstück weiter zu bearbeiten. Mehrmals halte ich ein, denke nach und betrachte seine Formen, die die Natur geformt hat. Wohin führt mich dieses Stück Holz? Soll ich dieses oder jenes Detail in der Form oder der Holzmaserung benutzen, um dem Objekt Spannung und Leben zu verleihen? Ein schwieriges Unterfangen, aber gerade das macht die Arbeit so interessant. Ich nehme den Skizzenblock zur Hand und bringe meine Ideen zu Papier. Es ist nicht so schlimm, wenn einem mit dem Bleistift ein Mißgeschick

passiert, man wirft einfach das Blatt Papier weg. Passiert das aber mit dem Holz, so ist der Fehler kaum zu korrigieren. Das Objekt muß Freiheit und Leben ausstrahlen. Am besten sollte es etwas vom Seelenleben und der Arbeitsfreude seines Herstellers ausstrahlen. Ich halte ein und meine Gedanken schweifen in die wundervolle Welt des Fjälls und der Umgebung, aus der ich das Holz bekommen habe. Vögel, das Tierleben, Sagen und das Leben der Menschen ... sind auf subtile Art und Weise in meinen Werken wiederzufinden.«

Dies sind die Gedanken eines Holzkünstlers, der letzte Hand an sein Werk legt. Etwas später schreibt er:
»Die Materialien für die Strukturen sind ganz unterschiedlich. Der Holzkünstler muß für viele Dinge sensibel sein, aber an erster Stelle für den Werkstoff. Sensibel sein für seine Seele, sensibel im Augenmaß und in den Fingerspitzen: Das gibt den Gegenständen ihre abschließende Prägung.

Ein leichter Schliff oder eine Oberflächenbehandlung kann ausreichen, um dem Objekt sowohl Ruhe als auch Spannung zu geben. Dekor kommt nur dort hinzu, wo es nötig ist und wo es die Natur des Werkstücks verlangt. Das Objekt ist nun bereit, um in Gebrauch zu kommen oder verkauft zu werden. Der Holzkünstler ist zufrieden, eine Sache völlig fertiggestellt zu haben. Welche Freude, ein Augenblick höchsten Glücks mitten im Alltag! In Wirklichkeit ist dies aber nur ein Weg zur steten Entwicklung neuer und höherer Ziele. Ich strebe ständig danach, die Qualität zu verbessern, Neues auszuprobieren, gewagte Eingriffe am Material vorzunehmen, die dem Objekt einen größeren, tieferen und noch intensiveren künstlerischen Ausdruck verleihen. All das bedeutet ein zeitaufwendiges Unterfangen, und es erfordert deutlich mehr Bereitschaft beim Betrachter und Benutzer des Gegenstands.«

Besser kann man es nicht ausdrücken!

Klingen vorbereiten

Nachdem Sie die Werkzeuge und Materialien kennenge-lernt haben, die Sie brauchen, um Messer zu machen, werde ich Ihnen im Folgenden verschiedene Möglich-keiten zeigen, Messergriffe herzustellen und die Arbeits-gänge Schritt für Schritt erklären.

Beginnen wir mit einem Blick auf die Klinge. Gehen Sie damit ganz vorsichtig um. Manchmal ist sie ordentlich verpackt und die Schneide mit Klebeband versehen. Aber sie kann auch ohne jeden Schutz lose in der Verpackung liegen. Nehmen Sie das Klebeband von Ihrer Klinge und betrachten sie. Achten Sie auf die Schneide. Kontrollieren Sie, daß keine Scharten oder andere Schäden vorliegen. In einem solchen Fall bitten Sie um Umtausch.

Haben Sie eine Klinge aus Dreilagenstahl gekauft, kon-trollieren Sie, ob Sie auch wirklich dieses Material erhal-ten haben. Halten Sie das Blatt so, daß Licht unter einem bestimmten Winkel auf den geschliffenen Teil der Klinge fällt. Schauen Sie sich das kurze Ende der Klinge an. Sehen Sie eine wellenförmige Linie einige Millimeter von der Schneide entfernt, die vom kurzen Ende bis zur Spitze verläuft? Manchmal ist sie schwer zu entdecken, man erkennt die Welle dann nur an der leichten Veränderung des Grautons im Anschliff **(Abb. 1)**.

Am Ende der Klinge geht sie in einen schmaleren Teil über, der Angel genannt wird. Das ist der Teil der Klinge, der später im Griff verschwindet. Sie werden entdecken, daß die Angel zum Ende hin schmaler wird – sie ist am breitesten vorn an der Klinge, wo die Beanspruchung am größten ist **(Abb. 2)**. Ihre Breite variiert. Die Angel einer starken und breiten Klinge ist an der Spitze am stärksten. Dadurch kann sie mehr der an der Klinge wirksamen Kräfte absorbieren. Die meisten Angeln haben einen rechtwinkligen Querschnitt. Aber es gibt auch Klingen mit

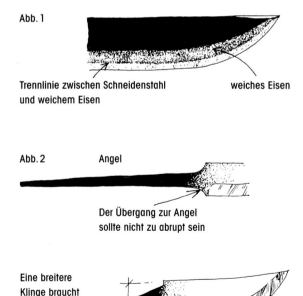

Abb. 1

Trennlinie zwischen Schneidenstahl und weichem Eisen

weiches Eisen

Abb. 2   Angel

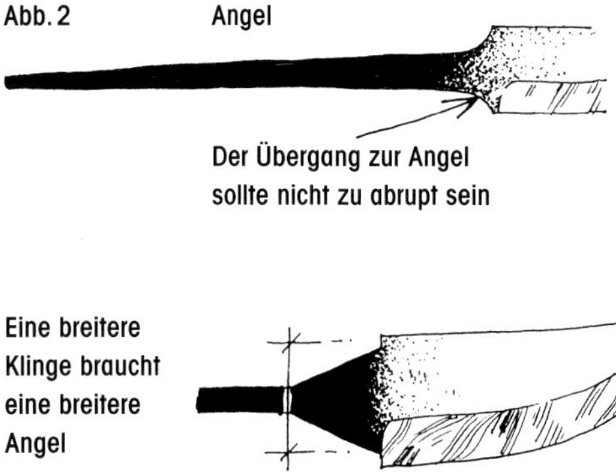

Der Übergang zur Angel sollte nicht zu abrupt sein

Eine breitere Klinge braucht eine breitere Angel

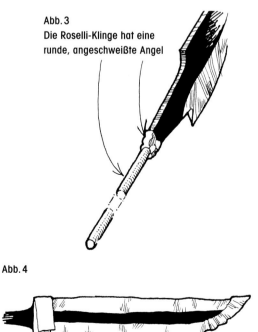

Abb. 3
Die Roselli-Klinge hat eine runde, angeschweißte Angel

Abb. 4

Vergessen Sie nicht, die Klinge mit Klebeband zu schützen

einer runden Angel (zum Beispiel bei Roselli-Klingen). Bei diesen ist ein runder Stab aus weicherem Metall angeschweißt **(Abb. 3).**

Schützen Sie die Klinge wieder mit Klebeband, am besten mit zwei Lagen, um zu verhindern, daß Sie sich selbst verletzen oder die Klinge bei den weiteren Arbeiten beschädigen. Wickeln Sie auch Klebeband um das hintere Ende der Klinge. So verhindern Sie, daß Epoxyd-Kleber auf die Klinge kommt und Kratzer entstehen, wenn Sie diesen wieder entfernen wollen.

Denken Sie bei der Messerherstellung immer an folgende Grundsätze:
• Verwenden Sie nur erstklassiges Material
• Üben Sie sich in Genauigkeit und Geduld
• Planen Sie sorgfältig – die Arbeiten in der richtigen Reihenfolge
• Pfuschen Sie niemals bei der Oberflächenbehandlung
• Benutzen Sie scharfes Werkzeug.

Kleines Allzweck- und Kleinwildmesser (rechts):
Der vordere Teil des Griffes besteht aus gemaserter Birke, der hintere Teil aus ausgesuchtem Wacholderholz. Die Klinge ist handgeschmiedet. Die Scheide besteht ganz aus Leder, das um das Messer herum geformt wurde

Messergriffe aus Holz

Für den Griff dieses Messers wurde gemasertes Birkenholz verwendet. Vergewissern Sie sich, daß kein Ast durch das Holzstück geht. Manchmal sieht man das nur von einer Seite. Ein solches Stück müssen Sie in jedem Fall gleich wegschneiden. Betrachten Sie das Hirnholz, ob es dort Risse gibt. Diese können manchmal durch das halbe Holzstück gehen und den Griff von Anfang an untauglich machen.

Aufriß und Planung des Griffs

Beginnen Sie die Arbeit damit, den Griff zu entwerfen. Mit feuchter Hand zum Beispiel läßt sich ein zu kleiner Griff schlecht halten. Auch wenn Sie ein klares Bild davon haben, wie der Griff aussehen soll, sollten Sie ihn unbedingt im Maßstab 1:1 auf Papier aufzeichnen, am besten auf Pergamentpapier **(Abb. 1).** Ich selbst habe von

jedem Messer, das ich auch heute noch gelungen finde, eine genaue Skizze gemacht. Manche mögen denken, daß das nicht nötig sei. Wenn Sie jedoch schon mit dem Sägen begonnen haben und den Griff formen, kann es sein, daß das ursprüngliche Bild aus dem Kopf verschwunden ist, obwohl Sie es am Anfang noch deutlich vor Ihrem geistigen Auge sahen. In diesem Fall muß man improvisieren, um den Griff noch zu retten. Manchmal wird der Griff auch völlig anders, als man wollte, und manchmal ist er völlig unbrauchbar. Nehmen Sie also Ihren Bleistift und ändern Sie die Form, bis Sie zufrieden sind. Denken Sie daran, daß der Griff in Ihre Hand passen soll und daß er lang genug wird!

Ich bevorzuge Pergamentpapier aus zwei Gründen: Erstens: Wenn man die Skizze auf das Holz des Griffrohlings legt, scheint das Muster und die Maserung des Holzes durch. So können Sie leicht festlegen, wo das

Griffstück ausgesägt werden soll. Zweitens: Die lose Klinge kann unter die Skizze gelegt werden, um zu sehen, wie Klinge und Griffmodell miteinander harmonieren.

Ein gewöhnlicher Schaftrohling aus gemaserter Birke hat ungefähr die Abmessungen $3,5 \times 4,5 \times 13$ cm. Verwenden Sie das ganze Stück Holz für den Griff. Sollte trotzdem etwas übrigbleiben und man den Verschnitt nachher noch gebrauchen können, so ist das in Ordnung. Aber es wäre falsche Sparsamkeit zu versuchen, von Anfang an große Stücke übrigbehalten zu wollen.

Haben Sie immer noch Zweifel, wie das Messer in der Hand liegen wird, verfahren Sie wie folgt: Übertragen Sie die Skizze auf ein Stück Karton **(Abb. 2)**. Benutzen Sie dazu Kohlepapier, oder drücken Sie fest mit dem Stift auf und schneiden Sie den Griff dann aus dem Karton aus. Wenn Sie so verfahren, werden Sie häufiger noch Fehler entdecken, die Ihnen auf der Skizze gar nicht aufgefallen sind.

Wenn ich vorhabe, ein neues, möglicherweise ungewöhnliches Modell herzustellen, gehe ich noch einen Schritt weiter. Ich nehme ein Stück frischer Espe oder anderes weiches Holz und schneide mein Modell in groben Umrissen aus. Das nimmt nicht viel Zeit in Anspruch, aber man fühlt jetzt den gesamten Umfang. So habe ich mir schon manche Schwierigkeit und den Verlust von wertvollem Holz erspart.

Nehmen Sie das Holzstück, drehen und wenden Sie es. Wo ist das schönste Muster, wo die originellste Maserung? Nur selten finden Sie ein Stück mit feiner, dichter und gleichmäßiger Maserung. Statt dessen müssen Sie oft entscheiden, welche Seite des Messers die Schauseite werden soll. Lassen Sie die Pergamentpapierskizze hin und her wandern. Wie machen sich die Muster innerhalb der Umrisse? Vorsicht! Achten Sie darauf, daß die Angel lang genug für den Griff ist. Mindestens 5 mm müssen am Ende des Griffs überstehen **(Abb. 3)**.

Haben Sie den richtigen Teil des Holzstückes gefunden, verfahren Sie wie folgt: Nehmen Sie die Kartonschablone und umreißen Sie deren Kanten auf der Seite des Griffrohlings. Schneiden Sie entlang der gestrichelten Linie mit einigen Millimetern Zugabe. Achten Sie darauf, daß Sie nicht schräg sägen **(siehe Abb. 3)**. Benutzen Sie eine feingezahnte Säge. Legen Sie Schleifpapier (Körnung 80) auf einen Schleifklotz und schleifen Sie bis zur Linie herunter.

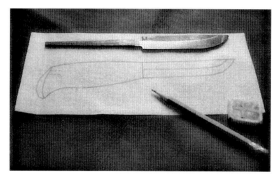

Abb. 1   Reißen Sie das Messer im Maßstab 1:1 auf Pergamentpapier auf

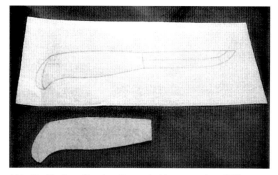

Abb. 2   Machen Sie eine Pappschablone von dem Griff

Abb. 3

5 mm

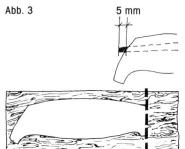

Wenigstens 5 mm müssen aus dem Ende des Griffs herausragen

Sägen Sie entlang der gestrichelten Linie

Abb. 4

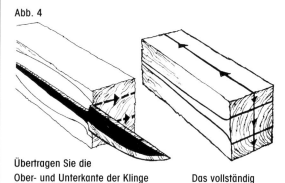

Übertragen Sie die Ober- und Unterkante der Klinge auf das Hirnholz

Das vollständig markierte Holzstück

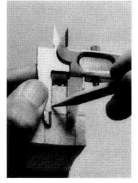

Abb. 5

Messen Sie die Breite der Angel

Abb 6

Markieren Sie, wo die Angel in das Holz tritt

Abb. 7

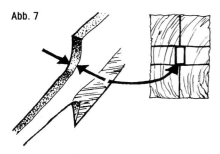

Markieren Sie die Stärke der Angel auf dem Hirnholz Ihres Holzstücks

Abb. 8a

Abb. 8b

Bohren Sie Löcher in das Hirnholz des Griffrohlings mit einem Bohrer, der genauso stark ist wie die Angel (a). Danach bohren Sie das Ausgangsloch in das hintere Ende des Griffs (b)

Drücken Sie die Angel fest gegen die Holzseite, so daß sie richtig auf dem Griff zu liegen kommt. Nehmen Sie einen Stift und zeichnen Sie mit kräftigen Bleistiftstrichen rund um die Angel. Markieren Sie die Höhe von Ober- und Unterkante der Klinge auf dem Hirnholz. Ziehen Sie von dort aus Linien waagerecht über das ganze Hirnholz. In die Mitte des Hirnholzes ziehen Sie eine senkrechte Linie. Das Holzstück sieht dann wie auf **Abb. 4** aus.

Nehmen Sie ein Lineal oder einen Meßschieber und messen Sie die Stärke der Angel auf der gesamten Länge bis hin zum Beginn der Klinge **(Abb. 5)**. Zeichnen Sie die Stärke auf dem Hirnholz auf **(Abb. 6)**. Wenn Sie fertig sind, sieht das Hirnholz ungefähr wie auf **Abb. 7** aus. Die Angel wird später genau an der Stelle der Markierung in das Holz eingeführt.

Ein Loch für die Angel bohren

Nehmen Sie einen Bohrer in der Stärke der Angel und bohren Sie zwei Löcher zwischen den Markierungen. Jetzt wird es ein bißchen schwieriger. Zum einen soll das obere Bohrloch dem Umriß der Angel folgen, der auf der Längsseite aufgezeichnet wurde. Zum anderen soll die Bohrung gleichzeitig auf der Mittellinie des anderen Hirnholzes herauskommen. Das klingt kompliziert und ist für Anfänger auch wirklich etwas knifflig. Folgen Sie deshalb genau der Anleitung.

Nehmen Sie eine Ahle und markieren damit die Bohrstellen. Dann nehmen Sie einen Bohrer lose zwischen die Finger und drehen ihn einige Male auf den markierten Punkten hin und her, so daß eine kleine Ansenkung entsteht. Spannen Sie den Bohrer anschließend in die Bohrmaschine oder den Handbohrer ein. Beginnen Sie mit dem oberen Loch. Setzen Sie die Spitze des Bohrers in die kleine Ansenkung, die Sie in das Holz gemacht haben. Setzen Sie den Bohrer mit leichtem Druck an. Richten Sie Ihr Augenmerk abwechselnd auf die zwei Längsseiten und bringen Sie den Bohrer danach genau in Richtung der Mittellinie. Halten Sie den Bohrer ganz ruhig und beginnen Sie zu bohren. Bohren Sie so tief es geht, bis hin zum Bohrfutter **(Abb. 8a)**. Wenn Sie sich unsicher fühlen, üben Sie zuerst an einem Brett. Danach machen Sie auf die gleiche Weise das untere Bohrloch. Sie werden schnell feststellen, daß der Bohrer nicht auf der Rückseite des Werkstücks herauskommt, da Bohrer dieses Durchmessers meist nicht lang genug sind. Bohren Sie deshalb von der anderen Seite, so daß sich die Bohrungen treffen. Von der Rückseite müssen Sie einen stärkeren Bohrer benutzen und zwar etwa so stark, wie die Angel breit ist **(Abb. 8b)**.

Wenn Sie mit der elektrischen Bohrmaschine bohren, werden Sie bemerken, daß es beim Anlauf der Maschine eine Art Rückschlag gibt, durch dessen Ruck der Bohrer leicht aus der Ansenkung springen kann und Ihr Bohrloch leicht versetzt wird **(Abb. 9)**. Deshalb riet ich Ihnen zu Beginn, das ganze Holzstück für den Griff zu nehmen. Sollte nämlich die Bohrung leicht versetzt sein, so haben Sie trotzdem noch genügend Material übrig. Es bleibt trotzdem noch genügend Volumen für den Griff, auch wenn Ihnen etwas passiert, wie auf **Abb. 9** gezeigt. Beachten Sie bei der größeren Bohrung von der Hinterseite: Versuchen Sie nicht, die Bohrung gleich mit einem Bohrer fertigzustellen! In neun von zehn Fällen verläuft sie schräg, und alles ist verdorben. Wenn die Bohrung ungefähr 8 mm Durchmesser hat, so bohren sie zuerst mit einem 4-mm-Bohrer, dann mit einem 6-mm-Bohrer und erst zum Schluß mit einem 8-mm-Bohrer.

Jetzt kann es weiter gehen! Auf der Seite der Klinge ist eine kleine Brücke zwischen den beiden Bohrungen stehen geblieben **(Abb. 10,** in der Zeichnung schraffiert). Nehmen Sie ein loses Sägeblatt für eine Kontur- oder Laubsäge, stecken Sie dieses in das eine Loch und sägen sie die Brücke weg, so daß die beiden Löcher zu einem Langloch verbunden sind **(Abb. 11)**.

Versuchen Sie nun, die Angel einzuführen. Bearbeiten Sie das Loch mit einer ganz feinen Feile, bis sie sich fast ganz einführen läßt. Wenn Sie dazu die Möglichkeit haben, können Sie das Loch auch mit einem glühenden Eisen aufbrennen. Beachten Sie, daß zwischen Holz und Klinge die Angel noch ca. 1 cm heraussteht. Schieben Sie die Angel einige Male hin und her. Müssen Sie viel Kraft aufbringen, um sie einige Millimeter nach innen zu drücken, so ist das Loch noch immer zu eng. Feilen Sie noch etwas! Versuchen Sie herauszufinden, wo die Angel im Holz klemmt. Jetzt ist nur noch ein halber Zentimeter übrig, bis sie ganz im Holz steckt. Die Angel soll mit Kraft hineingedrückt werden, aber nur so fest sitzen, daß sie sich wieder herausziehen läßt. Sind Sie soweit, spannen Sie die Klinge in einen Schraubstock.

Abb. 9

Wenn ein Bohrloch verlaufen ist, gibt es trotzdem noch genügend Platz für den Griff

Vorderes Hirnholz

Abb. 10

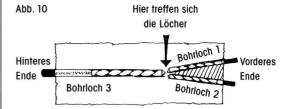

Hier treffen sich die Löcher

Hinteres Ende

Bohrloch 3

Bohrloch 1

Bohrloch 2

Vorderes Ende

Sägen Sie die schraffierte »Brücke« aus

Die Angel verleimen

Ich mische zunächst eine ausreichende Menge Epoxyd-Kleber an. Danach fülle ich das Loch für die Angel mit Kleber, bevor ich schließlich die Angel im Schaft festklopfe. In Norwegen benutzt man anstelle dessen geschmolzenen Schellack. Von Vorteil ist dabei, daß der Schellack weich wird, wenn man die Klinge erwärmt, so daß man sie später vom Griff lösen kann. Das kann zum Beispiel notwendig werden, wenn die Klinge beschädigt ist und ersetzt werden muß. Was Sie auch bevorzugen, am wichtigsten ist, daß die Klinge vollständig und dicht eingesetzt wird, besonders am Übergang zum Griff. Die Klinge muß ganz fest im Griff sitzen. Gibt es dort den

Abb. 11

Sägen und feilen Sie die Brücke aus

Abb. 12

Prüfen Sie die Paßgenauigkeit der Angel

kleinsten Ritz oder hat sie gar Spiel, setzen sich an dieser Stelle Reste von Fleisch, Fisch oder Blut fest. Diese können sich dort zersetzen und schwere Vergiftungen hervorrufen.

Ist der Kleber oder Lack ausgehärtet, sitzt Ihre Klinge so fest im Griff, als wäre sie dort verschweißt worden. Kommt Ihnen die Öffnung an der Klinge etwas zu groß vor, und Sie haben Angst, dort trotz allem etwas Spiel zu bekommen, können Sie kleine Keile aus Holz oder Knochen anfertigen und diese vorsichtig auf beiden Seiten der Klinge einschlagen. Schlagen Sie diese ein, gleich nachdem Sie die Klinge in den Griff eingesetzt haben, und zwar bevor der Kleber ausgehärtet ist. Sie haben nur einige Minuten Zeit, stellen Sie deshalb sofort einige Ersatzteile her, für den Fall, daß einer abbricht! Setzen Sie ein Stückchen Abfallholz auf beide Seiten, damit Sie die Klinge nicht beschädigen. Schlagen Sie dann von oben mit einem Gummihammer, bis die Klinge ganz fest sitzt. Sie können durchaus kräftig zuschlagen, wenn es notwendig ist. Jetzt sitzt die Klinge dauerhaft fest. Wenn Sie alles richtig gemessen haben, schaut die Angel am Ende mindestens 5 mm heraus.

Ist Ihnen die Bohrung nicht richtig geglückt und sich die Bohrlöcher von oben gesehen im Winkel getroffen haben – ein recht häufiger Fehler –, geschieht folgendes: Die Angel verbiegt sich dort, wo sich die Bohrlöcher treffen, ein wenig **(Abb. 13).** So kann selbst bei gut geformtem Griff die Klinge ein Stück nach links oder rechts gebogen sein. Von oben sieht das Messer dann aus wie auf **Abb. 14** (etwas übertrieben). Deshalb kann man beim Bohren gar nicht sorgfältig genug vorgehen. Heute gibt es eine spezielle Wasserwaage zu kaufen, mit der der Bohrer genau senkrecht ausgerichtet werden kann. Aber vergessen Sie nicht, daß auch der Griffrohling mit einer zweiten Wasserwaage ausgerichtet werden muß!

In den oft nachlässigen und sehr kurz gefaßten Beschreibungen zur Messerherstellung, die ich gefunden habe,

steht in etwa Folgendes: »Bohren Sie ein Loch in das Holzstück, so daß die Angel des Messers hineinpaßt. Drücken Sie das Holzstück darauf, es darf ruhig etwas schwergängig sein, und verkleben Sie es.« Mein Kommentar zu dieser Methode ist: Folgen Sie ihr nicht! Ich habe das versuchsweise bei verschiedenen Messermodellen mit Griffen aus unterschiedlichem Holz probiert. Ich habe sowohl Holzleim als auch Kontaktkleber und Epoxyd-Kleber verwendet. Ich habe alle Trockenzeiten und Aushärtungszeiten eingehalten, und die Paßform war perfekt. Später ging ich mit diesen Messern in den Wald und schnitt Späne zum Feueranzünden. Die Messer mit dem einfach durchgebohrten Loch gingen sofort zu Bruch. Solche Messer sind völlig unbrauchbar. Bei den Messern, die ich mit einem Langloch im vorderen Stück des Griffes versehen hatte, saß die Klinge perfekt. Alle anderen lockerten sich. Trotz der sicheren Vernietung hielten Klinge und Griff nicht lange zusammen. (Mehr darüber im Abschnitt über den Griff des Sami-Messers.)

Wenn Sie glauben, daß mein Vorgehen zu umständlich ist, denken Sie an das Ergebnis. Bis heute ist keines der Messer zu Bruch gegangen, die ich nach meiner Methode angefertigt habe. Bei ihnen sitzt die Angel zumindest bis zur Griffhälfte unbeweglich fest. Entweder muß das ganze Messer mit Gewalt zerstört werden oder heftigste Kräfte am Werk sein, bis es nachgibt.

Die Angel am Griff vernieten

Ich empfehle fast immer Klingen mit einer langen Angel, die durch den ganzen Griff geht und am Ende vernietet wird. Meine Absicht ist es, möglichst haltbare Messer zu machen, und ich achte dabei mehr auf die Dauerhaftigkeit als auf das Aussehen. Je kürzer die Angel, desto größer ist das Risiko, daß sich die Klinge löst. Sicher kann es an der Nietstelle ein wenig Rost geben. Aber ein Tröpfchen Öl oder Lack verhindert das. Wollen Sie den Niet ganz verstecken, kann man eine Platte aus Horn oder Holz über den Kopf des Niets leimen. Das geht am besten, wenn das hintere Ende eine glatte Oberfläche rund um den Niet hat. Sie müssen allerdings in die Platte eine kleine Vertiefung machen, damit sie den Kopf der Vernietung aufnehmen kann.

Bevor das Messer seine endgültige Form bekommt, muß die Angel vernietet werden. Sägen Sie mit der Stichsäge ein Stückchen Holz rund um das Ende der Angel weg

Abb. 13   Der Griffrohling von oben gesehen

Abb. 14

(Abb. 15). Vernieten Sie mit einer sogenannten Nietscheibe. Das ist eine konische Scheibe von ungefähr 10 mm Durchmesser mit einem Loch in der Mitte. Spannen Sie die Scheibe zum Beispiel in einen Schraubstock ein, und machen Sie ein Langloch mit einer kleinen Feile, das exakt den Ausmaßen des Querschnitts der Angel entsprechen muß. Drücken Sie die Nietscheibe über die Angel, und befestigen Sie diese mit ein paar Streifen Klebeband am Holz **(Abb. 16).** Sägen Sie mit der Metallsäge die Angel so ab, daß sie nur noch 1 mm über die Nietscheibe hinausragt. Spannen Sie die Klinge ganz fest im Schraubstock ein. Legen Sie dabei zum Schutz je ein Holzstück auf jede Seite der Klinge.

Nehmen Sie den Kugelhammer und schlagen mit der Kugel auf die Mitte der herausstehenden Angel **(Abb. 17).** Versuchen Sie, den Schlag immer auf die Mitte zu setzen. Sie brauchen nicht sehr fest zu schlagen. Nach einer Weile sehen Sie, wie sich das Ende abflacht und sich wie ein Pilz über die Nietscheibe legt. Wenn die Nietung den ganzen Raum zwischen Angel und Nietscheibe ausgefüllt hat, schlägt man mit dem Kugelhammer rundherum auf die Kante, damit die Vernietung besser aussieht.

Je nach Werkstoff-Festigkeit der Angel braucht es unterschiedlich viel Zeit, bis eine solche Vernietung fertig ist. Das kann von einigen Minuten bis hin zu einer kleinen Ewigkeit dauern. Meistens geht das Hämmern leicht, aber es gibt Klingen, zum Beispiel die Mora-Klinge, mit gehärteter Angel, bei denen man glaubt, einen Vorschlaghammer nehmen zu müssen. Nach meiner Erfahrung läßt sich die Roselli-Klinge mit ihrer runden Angel am leichtesten bearbeiten, danach kommen die anderen handgeschmiedeten Klingen. Am beschwerlichsten sind die Klingen aus industrieller Herstellung. Aber wie bei allen anderen Arbeitsgängen – haben Sie Geduld!

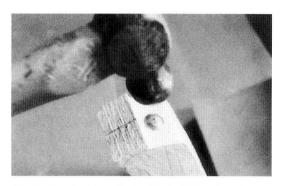

Abb 17   Das Vernieten: Klopfen Sie die Nietscheibe mit einem Kugelhammer an dem Ende der Angel fest

Durch die Vernietung wird die Klinge angezogen und im Griff fest verankert. Sollte sie wider Erwarten nach einem Jahr oder länger doch etwas Spiel bekommen, bearbeiten Sie den Niet nochmals, bis die Klinge wieder festsitzt. Vielleicht haben Sie beim ersten Mal einen Fehler beim Aussägen der Grifföffnung gemacht. Die Säge hat etwas zu viel vom Rand der Öffnung weggenommen und das Loch für die Angel ist etwas zu groß geworden. So einen simplen Grund kann das haben! Vernieten Sie nochmals, aber versuchen Sie, zuerst zwei kleine Hartholzkeile an beiden Seiten der Klinge einzuschlagen. Drücken Sie die Spitze des Keils mit einem flachen Gegenstand ein und schlagen Sie später mit dem Hammer abwechselnd auf die Keile, bis sie nicht mehr weiter hineingehen oder vielleicht abbrechen. Versäubern Sie mit einer kleinen Universalsäge mit feinem Sägeblatt. Achtung! Denken Sie daran, daß die Klinge vorher einen Schutz bekommt.

Die groben Arbeiten sind jetzt bereits erledigt. Haben Sie von all dem Feilen und Messen genug? Dann denken Sie daran, daß der erfreulichere Teil beginnt. Gönnen Sie sich ab und zu eine Pause. Die Arbeit soll schließlich Spaß machen!

Den Griff formen

Ziehen Sie die Konturen des Schaftes auf dem Holzstück noch einmal nach, da sie während der Arbeit leicht verblassen **(Abb. 18).** Spannen Sie den Rohling ein, und beginnen Sie damit, den Griff nach den aufgezeichneten Konturen auszusägen. Arbeiten Sie auf beiden Seiten von vorn nach hinten **(Abb. 19).** Die ausgesägten Kanten sind natürlich noch rechtwinklig. Am vorderen Ende des Griffes an der Klinge zeichnen Sie auf, wie stark der Griff

Abb. 15

Entfernen Sie an der Stelle, wo Sie vernieten wollen, einen Teil des Holzes

Abb. 16

Befestigen Sie die Nietscheibe mit zwei Streifen Klebeband am Holz

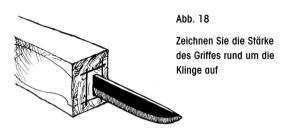

Abb. 18

Zeichnen Sie die Stärke des Griffes rund um die Klinge auf

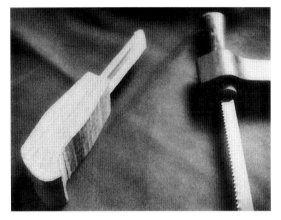

Abb. 19   Hier sind die Ober- und Unterseite des Griffes bereits ausgesägt

Abb. 20   Markieren Sie die Mittellinie und die Konturen auf der Ober- und Unterseite

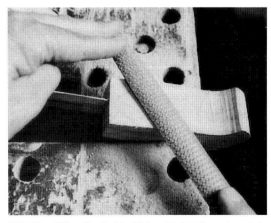

Abb. 21   Glätten Sie die Oberfläche mit einer Raspel, so daß die Seiten parallel verlaufen und den Konturen des Griffes folgen

hier werden soll. Versuchen Sie, die Säge stets in der gleichen Haltung zu führen.

Sägen Sie zuerst oberhalb und unterhalb der Klinge. Wenn Sie dort fertig sind, markieren Sie die Mittellinie auf der Ober- und Unterseite. Dann zeichnen Sie auf, wie der Grundriß von oben und unten aussehen soll. Reißen Sie nur leicht an, und ziehen Sie die Linien nach, wenn die endgültige Form festliegt **(Abb. 20)**.

Bearbeiten Sie die Ober- und Unterseite mit der Raspel, so daß sie plan und parallel werden und den Konturen des Griffes folgen **(Abb. 21)**. Dann sägen Sie die Seitenform aus **(Abb. 23)**. Aber achten Sie darauf, daß Sie nicht zuviel wegsägen! Entfernen Sie lieber etwas zuwenig als zuviel.

Ihr Messer hat nun einen kantigen Griff. Sie können ahnen, wie er fertig aussehen wird. Der nächste Schritt ist, die vier längslaufenden Kanten zu entfernen. Das geschieht mit einer Raspel und einem Messer **(siehe Abb. 24)**. Jetzt sieht das Messer von vorn ungefähr aus wie auf **Abb. 22**.

Abb. 22

Arbeiten Sie mehr und mehr eine abgerundete Form heraus **(Abb. 25)**. An schwer zugänglichen Stellen müssen Sie eventuell Ihr spitzes Schnitzmesser anstelle der Raspel benutzen. Machen Sie ein Kreuz auf die dickste Stelle des Griffes. Das soll Sie daran erinnern, nicht zuviel an der falschen Stelle wegzunehmen. Halten Sie das Messer unter eine helle Lampe. Drehen Sie es langsam um seine Längsachse. Halten Sie die Raspel oder das Schnitzmesser bereit, um eventuell Stellen nachzubessern, an denen es notwendig ist.

Spannen Sie das Messer mit dem Griff nach oben im Schraubstock ein. Schneiden Sie einige 3 cm breite Streifen Schleifpapier ab, und beginnen Sie mit der Körnung 80. Legen Sie den Streifen über den Rücken des Griffes, und ziehen Sie das Papier hin und her, wobei Sie gleichzeitig den Streifen auf und nieder bewegen **(Abb. 26)**.

Richten Sie Ihre Aufmerksamkeit auf Veränderungen. Lassen Sie helles Licht von der Seite auf das Messer fallen. Benutzen Sie immer feineres Schleifpapier. Wenn Sie bei Körnung 120 angekommen sind, können Sie das Messer aus dem Schraubstock nehmen und freihändig weiterschleifen. Verwenden Sie Schleifpapier bis zur Körnung 180. Arbeiten Sie mit kleinen ca. 3×3 cm gro-

Abb. 23 Hier sind die Seitenkonturen des Griffes schon ausgesägt

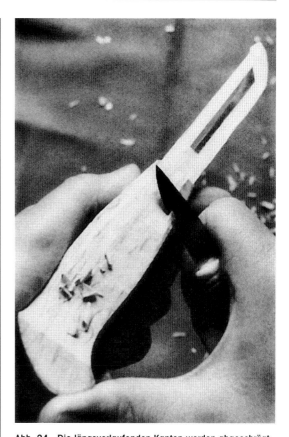

Abb. 24 Die längsverlaufenden Kanten werden abgeschrägt

ßen Stückchen Schleifpapier, um überall gut heranzu-
kommen **(Abb. 27)**. Nehmen Sie immer wieder neue
Stücke. In engen Winkeln und Einbuchtungen können Sie
sich mit einer halbrunden oder runden Feile helfen. Es ist
leicht festzustellen, wieviel die Feile an Material weg-
nimmt. Betrachten Sie den Griff immer wieder und ganz
genau. Halten Sie ihn längs und quer in das Licht. Hören
Sie nicht auf, bevor die kleinste Unebenheit verschwunden ist **(Abb. 28)**.

Abb. 25 Arbeiten Sie nach und nach die runde Form heraus

Wenn Sie mit zuviel Druck und grobem Schleifpapier arbeiten, erhalten Sie oft Riefen, deren Entfernung viel
Mühe macht. Unsaubere Oberflächenbehandlung kommt
später unbarmherzig zum Vorschein. Bewahren Sie
Geduld, und Sie werden ein Messer mit einer Oberfläche
erhalten, von der Sie bisher nur geträumt hatten.

Oberflächenbehandlung des Holzgriffs

Für die Oberflächenbehandlung von Messergriffen aus
Holz gibt es heute eine Vielzahl unterschiedlicher Methoden. Wir werden uns hauptsächlich mit der üblichsten,
der Leinölbehandlung, beschäftigen.

Würden Sie Ihr Messer gleich benutzen, nachdem Sie es
mit Schleifpapier fertig geschliffen haben, wäre es
schnell schmutzig und häßlich. Der Griff wird im Leben
tausende Male angefaßt. Er wird Regen, Schnee und Wind,

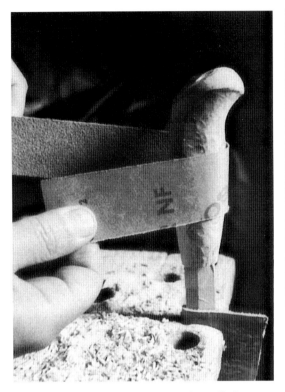

**Abb. 27   Freihändige Bearbeitung mit kleinen
Schleifpapierstücken**

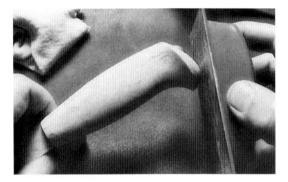

**Abb. 26   Schleifen Sie den Griff in Form. Ziehen Sie das
Schleifpapier hin und her**

**Abb. 28   Formen Sie das hintere Ende des Griffs mit einem
Schleifklotz**

Handschweiß, Fischinnereien und vielem anderen ausgesetzt. Also sollte eine gründliche Oberflächenbehandlung erfolgen, damit er möglichst all diese Einflüsse unbeschadet übersteht.

In früheren Zeiten behandelte man die Griffe mit Holzteer. Später verwendete man Leinöl. So erhielt man Oberflächen, die Feuchtigkeit und Abnutzung gut widerstanden. Mit der Zeit kamen auch neue Behandlungsmittel hinzu, und als endlich der Firnis auf den Plan trat, verdrängte er bald das Leinöl. Firnis trocknet schneller als Leinöl und gibt dem Holz die hochglänzende goldartige Oberfläche, die wir alle kennen. Firnis ist nach wie vor keine schlechte Alternative für die Oberflächenbehandlung. Er dringt ein wenig in das Holz ein, er verträgt Feuchtigkeit und ist sehr widerstandsfähig. Wer erinnert sich nicht daran, welche harte Behandlung ein gefirnißter Holzfußboden verträgt. Möchten Sie einen glänzenden Griff, warum sollte man ihn also nicht mit Firnis behandeln?

Heute behandelt ein großer Teil der Messermacher die Oberflächen mit einem seidenmatten klaren Kunststoff-

lack. Viele sehen das als eine Alternative zu der seidenglänzenden Oberfläche, die eine lange liebevolle Leinölbehandlung ergeben kann. Ich glaube, damit betrügt man sich selbst. Mit Lack fällt es dem Anfänger schwerer, eine gleichmäßige Oberfläche herzustellen. Es kann ein Jahr dauern, bis man das gelernt hat. Bei Licht betrachtet sieht man jeden Fehler: Zu dicker oder zu dünner Auftrag, Blasen, Runzeln und unbehandelte Stellen. Der Kunststofflack liegt wie eine tote Schicht über dem lebenden Holz. Sicher schützt der Lack für eine Weile, aber schon nach recht kurzer Zeit bilden sich größer werdende Risse, in die Verunreinigungen eindringen und den Messergriff verschmutzen. Schließlich gibt es nur noch einen Ausweg, nämlich den Lack bis auf das Holz abzuschleifen und noch einmal von vorn zu beginnen. Auszubessern lohnt sich hier nicht. Die Oberfläche wird sonst wie ein Flickenteppich aus unterschiedlichen Lackschichten aussehen. Ich habe auch festgestellt, daß Kunststofflack Fett recht schlecht widersteht. Es scheint, als könne Fett die Lackoberfläche durchdringen und ins Holz eindringen.

Leinöl

Leinöl dringt tief in das Holz ein und bildet eine Schutzschicht gegen Einflüsse von außen. Das Öl verbindet sich mit dem Sauerstoff der Luft zum sogenannten Linoxyn, einer ausgehärteten Substanz, die Schutz von innen gibt. Da das Linoxyn in der Tiefe sitzt, fühlt man immer die weiche, glattpolierte Oberfläche des Holzes, die mit der Zeit immer schöner wird. Leinöl beeinflußt nicht die natürliche Alterung des Holzes.

Sollten Sie den Geruch des Öls nicht mögen, was ich mir kaum vorstellen kann, können Sie beruhigt sein – er läßt schnell nach. Innerhalb einiger Wochen ist das Öl zu Linoxyn ausgehärtet, das kaum noch riecht. Außerdem ist Linoxyn ohne Geschmack – eine Eigenschaft, die wichtig ist, wenn Sie damit zum Beispiel ein Schneidbrett behandeln. Nur wenn es für lange Zeit in warmem Wasser liegt, kann sich ein Aroma entwickeln.

Meine Vorliebe für Öl hat, wie schon gesagt, viele Gründe. Messer werden oft aus gemasertem Holz unterschiedlicher Bäume gemacht, zum Beispiel aus geflammtem Holz oder Maserknollen der Birkenstämme, also aus Holz, dessen Vorzüge am besten zur Geltung kommen, wenn sie eine benetzende Oberflächenbehandlung bekommen. Wie oft sieht man industriell hergestellte Messer mit einer Lackoberfläche, die die schöne Maserung überdeckt. Der Griff sieht aus, als wäre er aus einem synthetischen Material hergestellt. Leinöl ist auch für den Anfänger leicht zu verarbeiten, wenn die Vorarbeiten sorgfältig genug ausgeführt wurden. Außerdem kann man sein Messer damit leicht wieder auffrischen.

Öl hat den Nachteil, daß es eine relativ lange Trockenzeit im Vergleich mit anderen Mitteln benötigt. Man braucht Zeit und Geduld, um eine schöne Oberfläche zu bekommen. Aber ich bin sicher, daß sich die Geduld langfristig auszahlt. Wir sollten auch nicht vergessen, daß Leinöl

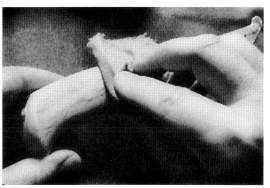 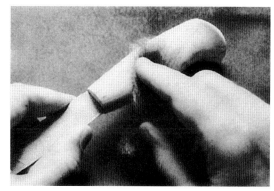

Abb. 29 | **Abb. 30**

Befeuchten Sie den Griff zur Oberflächenbehandlung und putzen Sie ihn anschließend mit Stahlwolle unterschiedlicher Stärken

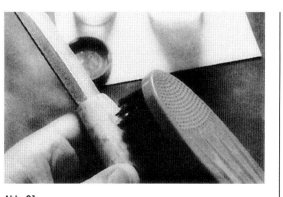 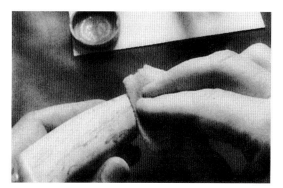

Abb. 31 | **Abb. 32**

Bürsten Sie den Griff in Längsrichtung, danach wird das Öl aufgetragen

ein reines Naturprodukt ist, genau wie zum Beispiel auch Terpentin.

Und so erfolgt eine Oberflächenbehandlung mit Leinöl: Nehmen Sie zunächst einen Lappen, tauchen Sie ihn in warmes Wasser, und benetzen Sie damit die gesamte Holzoberfläche **(Abb. 29).** Sie können auch den Zeigefinger nehmen. Befeuchten Sie den Griff aber nur leicht und lassen Sie ihn einen Tag trocknen. Wollen Sie diesen Vorgang beschleunigen und außerdem noch einen besseren Effekt erzielen, trocknen Sie das Holz mit einem Fön.

Wiederholen Sie diesen Arbeitsgang mindestens dreimal, am besten noch öfter. Wer die größte Geduld hat, erhält die schönste Oberfläche. Jedes Mal, wenn Sie die feuchte Oberfläche trocknen, richten sich die obersten Holzfasern auf. Nehmen Sie dann Stahlwolle (000) und schleifen Sie die Holzoberfläche vorsichtig **(Abb. 30).** Drücken Sie nicht zu fest, sonst legen sich die Fasern wieder nieder. Behandeln Sie das Messer vorsichtig, denn der Griff kann sehr leicht verschmutzt werden! Bei jedem Arbeitsgang vermindert sich die Anzahl der Faserreste, und bald haben Sie eine harte glatte Oberfläche. Besonders wichtig ist diese Behandlung für alle Messergriffe, die mit Wasser in Berührung kommen.

Nachdem Sie die Holzoberfläche abgebürstet haben **(Abb. 31),** kann das Öl aufgetragen werden. Mischen Sie zu gleichen Teilen gekochtes Leinöl und Balsamterpentin. Die Mischung dringt leicht in die Oberfläche ein. Ich habe auch schon fettere Mischungen, zum Beispiel 70 % Öl und 30 % Terpentin, erprobt. Meiner Erfahrung nach bleibt dabei aber das meiste auf der geschliffenen Oberfläche zurück. Wahrscheinlich sind die Poren zu eng, um die Mischung aufzunehmen. Wenn das Öl nicht tief genug in das Holz eindringt, tritt die hübsche Zeichnung des Holzes nicht hervor.

Nehmen Sie einen Stofflappen und reiben Sie den Griff reichlich ein, damit die Oberfläche sich vollsaugen kann **(Abb. 32).** Wiederholen Sie diesen Vorgang immer wieder dann, wenn die Oberfläche trocken ist. Dies setzen Sie fort, bis das Holz gesättigt ist. Abhängig vom Holz kann dies eine Stunde oder auch einen Tag dauern.

Für die Bequemeren empfehle ich eine andere Methode: Suchen Sie sich ein ausreichend hohes Glas mit Deckel und spülen Sie es gründlich aus. Ich selbst benutze ein

Glas, das rote Beete oder Salzgurken enthielt. Es muß so hoch sein, daß mehr als der ganze Griff hineinpaßt. Machen Sie ihre Leinölmischung fertig, und füllen Sie das Glas fast bis obenhin. Schneiden Sie einen Schlitz in die Mitte des Deckels, damit Klingen verschiedener Größen hindurchpassen. Tauchen Sie den gesamten Griff ins Öl, stecken Sie den Deckel über die Klinge und schrauben Sie das Glas zu. Eventuell verbleibende Öffnungen verschließen Sie mit Klebeband. Hier kann das Messer stehen und einige Tage Öl aufnehmen. Schauen Sie ab und zu nach dem Griff bis er den Färbungsgrad erreicht hat, den Sie haben wollen.

Ist das Leinöl nach ein paar Stunden nicht ganz in das Holz eingedrungen, müssen Sie es sorgfältig abwischen. Bleibt es länger darauf, bildet sich eine Haut, die aushärtet. Im schlimmsten Fall ist es dann unmöglich, diese Schicht wieder zu entfernen. Es darf kein Öl auf der Oberfläche verbleiben, wenn Sie das Messer zum Trocknen an die Seite legen. Lassen Sie das Messer mindestens vier Tage, am besten eine Woche, liegen, bis das Öl zu Linoxyn ausgehärtet ist. In dieser Zeit dürfen Sie keine weitere Ölschicht auftragen.

Sie brauchen übrigens nicht ausschließlich gekochtes Öl benutzen. Rohes Leinöl ist auch gut zu verwenden. Das rohe Leinöl dringt leichter in das Holz ein, und die Oberfläche färbt sich nicht gelb. Der größte Nachteil aber ist die längere Trockenzeit. Rechnen Sie damit, daß es mindestens ein halbes Jahr dauert, bis es vollständig getrocknet ist. Also ist es die Trockenzeit, die darüber entscheidet, ob man rohes oder gekochtes Leinöl verwenden will.

Ist die Trockenwoche vergangen, sollten Sie die Oberfläche mit in der Leinölmischung getränkter Stahlwolle 000 schleifen. Nehmen Sie reichlich Öl sowohl für den Griff als auch für die Stahlwolle und reiben Sie in Richtung der Faser. Reiben Sie gründlich. Danach muß die Oberfläche sorgfältig mit saugfähigem Papier oder einem Putzlappen abgerieben werden. Es dürfen keine Reste vom Öl und vom Schleifen übrig bleiben. Anschließend muß die Oberfläche, wie schon oben beschrieben, nochmals trocknen.

Sie können den Griff auch schon bei der ersten Ölbehandlung mit Stahlwolle schleifen, aber rechnen Sie damit, daß Schleifreste in die Poren eindringen und das Holz verfärben können.

Nach einer Woche, wenn das Öl getrocknet ist, wird die Oberfläche gründlich gebürstet. Zuerst mit einer härteren, dann mit einer weicheren Bürste in Richtung der Holzfaser. Zum Schluß wird sie noch einmal leicht mit Papier abgeputzt.

Achtung: Das Messer soll während der Trockenzeit getrennt von der Scheide liegen. Andernfalls saugt das Leder das Öl aus dem Holz, und Sie müssen wieder von vorn anfangen. Wiederholen Sie den Naßschliff mit feiner Stahlwolle ab und zu in den kommenden Jahren. Der Griff wird mit der Zeit noch schöner.

Teer

Warum sollten Sie Ihr neues Messer nicht auf die selbe althergebrachte Weise behandeln, wie zum Beispiel Kähne behandelt wurden – mit Holzteer? Holzteer wurde meist im Außenbereich verwendet, für Dachpappe, Bootsstege und Boote. Aber man kann den Teer auch sehr gut für viele Dinge im Haus verwenden. Ein Messergriff erhält dadurch eine ungewöhnlich warme rotbraune Farbe. Er wird unempfindlich gegen Feuchtigkeit und verbreitet einen wunderbaren Duft.

Der Teer wird erwärmt, bis er dünnflüssig ist, und anschließend auf den Griff gestrichen. Danach wischt man den Überschuß mit einem Putzlappen ab. Wenn der Teer zu dick ist, kann er mit französischem Terpentin (nicht mit Lackverdünnung!) verdünnt werden. Dickflüssiger Teer kann ebenfalls mit gekochtem Leinöl vermischt werden. Nehmen Sie ein Teil von jedem und verdünnen Sie es mit Terpentin.

Wachs

Haben Sie es schon lange vergeblich versucht, den wunderbaren Glanz alter Tage auf Ihr Messer zu zaubern? Dann sollten Sie es einmal mit Wachs probieren. Auf allen Holzarten, aber auch auf Horn, erhält man damit eine seidenglänzende Oberfläche, ganz ohne die Nachteile, die Lack hat. Die Oberfläche wird hart und stößt Feuchtigkeit und Wasser ab. Trotzdem ergibt es einen rutschfesten Griff, wie bei einer reinen Ölbehandlung. Mit Wachs kann man vor allem eine sehr schöne Oberfläche erzielen. Ich glaube, daß kaum eine andere Methode damit konkurrieren kann. Die Farben werden vertieft und die Maserung des Holzes wird hervorgehoben.

Das Wachs kann auf zwei verschiedene Arten verwendet werden. Beim Arbeiten mit Hartwachs schmilzt man ein kleines Stück Wachs in einem kleinen Behälter. Ich benutze dazu die kleinen Metallbecher von Teelichtern. Ist das Wachs flüssig, wird es mit einem Pinsel oder einem Lappen aufgetragen. Ich bevorzuge einen kleinen harten Künstlerpinsel. Das Wachs muß schnell Strich auf Strich auf der Oberfläche verteilt werden. Sie haben nur ein paar Sekunden Zeit, bevor es wieder fest wird! Bilden sich kleine Unregelmäßigkeiten, entfernen Sie diese mit den Fingernägeln. Danach müssen Sie sich anstrengen und den Griff gründlich polieren! Sie brauchen lange, um ein Messer mit dieser Methode zu behandeln, aber hiermit erhalten Sie die dickste aller Schutzschichten.

Für eine andere Behandlungsmöglichkeit verwendet man Wachspaste: Hier wird auch etwas Wachs eingeschmolzen, aber das flüssige Wachs wird mit zwei Teilen Balsamterpentin verdünnt. (Vorsicht, hierbei besteht erhöhte Feuergefahr!) Lassen Sie die Mischung abkühlen, bevor Sie sie benutzen. Nachdem Sie die Paste mit einem Baumwollappen auf der Oberfläche verteilt haben, polieren Sie, wie schon oben beschrieben.

Messergriffe aus verschiedenen Materialien

Dieses Messer ist aus verschiedenen Materialien zusammengesetzt und ist nach dem Vorbild eines Sami-Messers gemacht. Der Griff besteht aus Renhorn, Kieferwurzelstücken und Rinde, die Klinge aus handgeschmiedetem Kohlenstoffstahl. Führen Sie den Griff möglichst gerade aus, damit er zu einer Messerscheide aus festem lappländischen Messerleder paßt

Ich glaube, daß das Traummesser, dessen Bild manche der heutigen Messermacher vor Augen haben, im großen und ganzen dem klassischen Messer der Sami ähnelt. Jeder Mensch mit Blick für das Schöne kann sich der Faszination eines echten lappländischen Messers nicht entziehen. Der Schönheitswert wird durch die Tatsache, daß diese Messer erstklassige Gebrauchsgegenstände sind, noch erhöht. Sie haben sich seit Jahrhunderten in der täglichen Arbeit bewährt. Nicht ein einziges davon hat jemals versagt. Alles, was nicht zufriedenstellend war, wurde mit der Zeit verbessert. Diese Messer sind vollständig an das Leben und Arbeiten im Freien angepaßt. Sie kamen aus der Natur selbst, eine harte und unvorhersehbare Natur. Heute kostet ein Sami-Messer ein kleines Vermögen. Ich glaube, daß es jeden Pfennig wert ist. Ein einzigartiges Kulturerbe wird weitergeführt, häufig von Menschen, die sich seit ihrer Kindheit in ihrem Handwerk geübt haben.

Ich rate allen anderen Messermachern davon ab, ihre eigenen Modelle mit den Originalen der Sami zu messen. Solche Messer können einfach nur von Sami hergestellt werden. Wir haben nicht deren kulturelles Erbe und können, wenn überhaupt, nur auf Umwegen das Gefühl für diesen Stil, die Fingerfertigkeit und Sensibilität erlangen. Aber wir können die Erfahrungen der Sami für unsere eigenen Werke nutzen, für schöne, starke und zuverlässige Messer.

Aber warum soll man nicht das beste Material nehmen und sie als Quelle der Inspiration für sein eigenes Traummesser benutzen? Vielleicht werfen ja eines Tages die Lappländer einen verträumten Blick auf unsere Messer …

Unseren Messertyp hier nenne ich im folgenden »Mischmesser« (siehe auch die Farbabbildung auf dem Umschlag). Es ist ein Gebrauchsmesser vom norrländischen Typ. Ich werde versuchen zu erklären, wie ein solches Messer hergestellt wird. Der Griff kann natürlich aus unendlich vielen verschiedenen Bestandteilen zusammengestellt werden. Es gibt Griffe, die fast ganz aus Horn bestehen, aber auch solche aus gedrechselten Holzstücken, Horn, Leder oder Zwischenstücken aus Rinde, Leder oder Metall. Wieder andere sind fast ganz aus Holz mit Lederlamellen dazwischen. Sie können Stücke aus Horn, Holz, Leder und Rinde fast nach Belieben kombinieren. Aber wie immer, so gilt auch hier, daß weniger oft mehr ist. Versuchen Sie den Griff aus der

Abb. 1 Diese Werkstoffe werden für den Griff des Sami-Messers benötigt

größtmöglichen Menge unterschiedlicher Materialien herzustellen, gefällt Ihnen das ~~das~~ Resultat unter Umständen gar nicht mehr.

Wir beginnen mit einem schlichten Griff, der recht leicht herzustellen ist. Was man braucht, sind Stücke von schön gemasertem Holz, Horn und Rinde **(Abb. 1)**. Eventuell benötigen Sie auch einige Stücke Aluminiumblech. Wie bei dem vorhergegangenen Messer, wählen wir eine Klinge von ca. 80 mm Länge. Die Angel muß ca. 110 mm lang sein. Damit Sie keinen zu dünnen Griff herstellen, sollten Sie versuchen möglichst starke Hornstücke zu bekommen.

Beachten Sie die Formgebung des Griffes bei einem Messertyp wie diesem: Der Griff sollte ziemlich gerade sein, wenn Sie beabsichtigen, lappländisches Messerleder für die Scheide zu benutzen. Dieses Leder dehnt sich praktisch überhaupt nicht. Einen bauchigen Griff kann man darin fast nicht unterbringen.

Entwurf und Vorbereitung des Griffs

Beginnen Sie damit, Ihren Griff auf Pergamentpapier zu entwerfen. Vom Standpunkt der Haltbarkeit aus ist es vernünftig, das Ende des Griffes aus Horn zu machen. Aber es hindert Sie nichts daran, anstelle dessen mit einem Stück gemaserten Holzes zu beginnen. Achten Sie darauf, daß die Endstücke so markfrei wie möglich sind. Je weniger Mark, desto fester wird das Messer. Wenn Sie zeichnen denken Sie daran, daß der Griff in der Nähe der Klinge am schmalsten sein muß. Skizzieren Sie ihn nicht

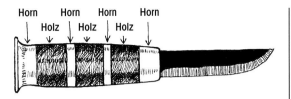

Abb. 2

mit einem zu großen »Bauch« in der Mitte. Es kann sonst schwierig werden, eine funktionstüchtige Scheide herzustellen. Ich habe mir das Messer ungefähr so wie auf **Abb. 2** vorgestellt. Denken Sie daran, daß die Klinge wieder sorgfältig abgeklebt werden muß.

Zunächst sägen Sie die benötigten Stücke der entsprechenden Werkstoffe aus. Sie brauchen zwei Stücke Horn von 1,5 cm Länge, eines davon sollte aus dem Rosenstock geschnitten sein, um das gekehlte Endstück herstellen zu können. Schneiden Sie diese Stücke auf 1,7 cm Länge ab. Die Enden müssen plangeschliffen werden und verlieren dadurch einige Millimeter. Zusätzlich werden drei Holzstücke von ca. 2 cm Länge benötigt. Diese werden zunächst auf 2,2 cm Länge abgeschnitten und anschließend auf 2 cm heruntergeschliffen. Schneiden Sie auch zwei dünne Hornscheiben, die am Ende 0,5 cm dick sein sollen, ab. Jedes Stück kann die Ausmaße von 4,5 × 4,5 cm haben. Außerdem werden noch sechs Rindenstücke von 4,5 × 4,5 cm benötigt.

Legen Sie ein Stück grobes Schleifpapier auf Ihren Arbeitstisch und befestigen Sie es mit einer kleinen Zwinge. Sie können das Schleifpapier auch auf einem ebenen Holzstück mit einem Nagel am unteren Ende befestigen. Die Hirnenden der Horn- und Holzstücke müssen auf dem Schleifpapier absolut plan geschliffen werden **(Abb. 4).** Halten Sie sie möglichst weit unten fest, so daß die Finger das Schleifpapier beinahe berühren. Dadurch wird verhindert, daß die Teile kippen und rund geschliffen werden. Schleifen Sie zwei bis drei Züge in eine Richtung, drehen Sie dann das Werkstück um 45° und wiederholen Sie.

Machen Sie eine ganze Umdrehung. Dadurch verhindern Sie ebenfalls, daß die Hirnenden abgerundet werden. Halten Sie jedes Stück gegen das Licht und vergewissern Sie sich, daß ganz besonders am Rand keine Scharten oder Riefen übrigbleiben. Genauso wichtig ist es, daß alle Stücke die vorgesehene Dicke erhalten. Seien Sie hier auf keinen Fall nachlässig! Am besten benutzen Sie zum Nachmessen einen Meßschieber, mit dem Sie rundherum am Rand das Maß prüfen. Das ist notwendig, damit die einzelnen Stücke aufeinanderpassen.

Montage des Griffs

Jetzt liegen die Einzelteile bereit, die Montage kann beginnen. Zuerst nehmen Sie das Hornstück, das ganz

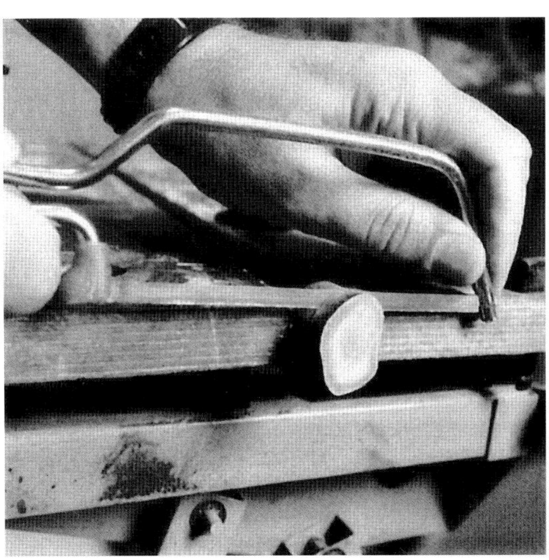

Abb. 3   Schneiden Sie die Hornstücke mit der Säge ab

Abb. 4   Schleifen Sie die Stücke mit Schleifpapier plan und parallel

vorn auf der Angel sitzen wird. Zeichnen Sie auf der Mitte der Hirnenden eine gerade Linie an. Messen Sie, wie breit die Angel genau an der Stelle, an der das Stück sitzen soll, ist. Übertragen Sie das Maß auf die Linie.

Nehmen Sie einen Stahlbohrer in der Stärke der Angel und bohren Sie zwei Löcher außen innerhalb der Markierungen. Geben Sie sich alle Mühe, absolut senkrecht zu bohren. Die kleinen Brücken zwischen den Bohrlöchern sägen Sie mit einer Laub- oder einer Konturensäge aus. Wenn Sie den Durchbruch richtig angefertigt haben, können Sie das Stück stramm über die Angel drücken. Kontrollieren Sie die Paßgenauigkeit mehrmals.

Anschließend nehmen Sie ein Rindenstück und schälen die weiße Schicht gründlich ab. Machen Sie mit einem scharfen Messer einen rechteckigen Durchbruch in die Mitte. Die Rindenstücke erfüllen eine wichtige Funktion: Sie bieten den harten Griffteilen eine gewisse Bewegungsmöglichkeit. Sie sehen gut aus, quellen bei Feuchtigkeit ein wenig und verhindern, daß der Griff rutschig wird. Außerdem gleichen sie eventuelle Unebenheiten aus.

Zuletzt machen Sie auch einen rechteckigen Durchbruch in die Mitte des ersten Holzstückes, so daß es exakt auf die sich verjüngende Angel paßt. Alle drei fertigen Teile sollten sich stramm auf die Angel schieben lassen **(Abb. 5)**.

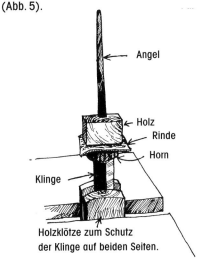

Abb. 5 Alle drei Stücke, Horn, Rinde und Holz, müssen sich sehr stramm auf der Angel bis vorn zur Klinge schieben lassen. Bewegen Sie die Teile vorsichtig weiter, bis sie ihren endgültigen Platz erreicht haben.

Abb. 6   Die vier aufeinander folgenden Teile des Griffs werden auf die Angel aufgereiht und dann vernietet

Mischen Sie eine Portion Epoxyd-Kleber, der für die drei Teile reicht. Streichen Sie eine dünne Schicht Kleber auf jede Oberfläche, die später eine andere berührt. Drücken Sie das große Hornstück auf, anschließend die Rinde und dann das Holzstück. Danach nehmen Sie ein Stück Rohr, das unten etwas Leder als Schutz bekommt, oder ein Holzstück mit einem Loch in der Längsrichtung. Sie stecken das Rohr über die Angel und drücken oder schlagen, wenn nötig, die Einzelteile vorsichtig zusammen. Achtung: Es darf kein Kleber auf das obere Hirnende des Holzes aufgetragen werden! Drehen und wenden Sie die verklebten Teile bei Licht und überprüfen Sie, ob die Bauteile exakt aufeinander liegen. Eventuell müssen Sie noch korrigieren. Legen Sie Ihre Arbeit beiseite und lassen den Kleber einen Tag lang aushärten.

Wir beginnen nun mit der Montage der anderen Teile in dieser Reihenfolge: Rinde, schmales Hornstück, Rinde, Holzstück. Verfahren Sie wie zuvor (siehe den letzten Abschnitt). Messen Sie immer die sich verjüngende Angel genau an der Stelle, an der das jeweilige Stück sitzen wird **(Abb. 6)**. Danach beginnen Sie damit, die rechtwinkligen Durchbrüche in jedem Stück herzustellen. Werden auf gar keinen Fall nachlässig, auch wenn die Arbeit viel schneller ginge, wenn sie nur ein größeres Loch bohren würden. Passen Sie jedes Stück genau an. Danach kommt wieder eine dünne Schicht Kleber auf jede Oberfläche, die später eine andere berührt. Drücken Sie mit dem Rohr wie schon vorher die Teile zusammen. Nehmen Sie alles bei Licht in Augenschein und geben Sie sich nicht mit dem kleinsten Spalt zwischen den Teilen zufrieden.

Legen Sie die Arbeit wieder zur Seite und lassen Sie den Kleber aushärten. Geschieht dies am Morgen, können

Abb. 7 Die letzten sechs Einzelteile, ganz links ein Endstück aus dem Rosenstock

Sie am Abend die letzten Stücke montieren: Rinde, dünnes Hornstück, Rinde, Holzstück, Rinde und großes Hornstück **(Abb. 7)**. Sie arbeiten nach demselben Verfahren wie vorher, nur mit einem Unterschied: In das letzte große Hornstück, das den Griff nach hinten hin abschließt, bohren Sie nur ein gewöhnliches Loch in die Mitte. Es muß so klein sein, daß das Stück aufgeschlagen werden muß. Kleben Sie die Stücke, und lassen Sie sie bis zum nächsten Tag aushärten.

Wenn die Angel zu weit heraussteht sägen Sie sie entsprechend ab. Lassen Sie sie ca. 1 mm über das Endstück herausstehen. Wenn es Ihnen gelingt, ein Stück Rosenstock als Abschluß des Griffes zu bekommen, können Sie die Angel direkt dagegen vernieten. Haben Sie ein gewöhnliches Hornstück, empfehle ich Ihnen, mit einer Nietscheibe zu arbeiten. Andernfalls bekommt das Messer sehr schnell Spiel zwischen den Einzelteilen, da der Nietkopf leicht im losen Mark einsinkt. Sehen Sie dazu den Abschnitt im Kapitel »Einfache Scheiden«.

Schnellmethode, um Messer zu montieren

Sägen Sie einen Schlitz in ein Stück Holz, das etwa so hoch ist wie die Klinge. Der Schlitz sollte etwas breiter und länger sein als die Abmessungen der Klinge. Bereiten Sie alle Teile für den Griff vor und legen Sie sie in der richtigen Reihenfolge vor sich auf den Tisch. Streichen Sie alle Seiten, die sich berühren, mit Epoxyd-Kleber ein und montieren Sie alle Teile gleichzeitig. Dann pressen Sie mit dem Holzstück, in das Sie den Schlitz

geschnitten haben, den Griff zusammen. Am anderen Ende haben Sie auch einen kleinen Holzklotz als Schutz. Klammern Sie alles mit einer Schraubzwinge zusammen **(Abb. 8)**.

Der Vorteil dieser Methode ist, daß Sie Zeit gewinnen. Es gibt nur einen Arbeitsgang beim Verleimen und eine Härtephase. Es gibt allerdings einen Nachteil: Wenn die Teile nicht perfekt zusammenpassen und Spiel zwischen den Teilen ist, besteht ein großes Risiko, daß Sie Probleme bekommen, sowohl in Bezug auf die Schönheit des Messers und seine Haltbarkeit, ganz besonders, wenn die Zwinge nicht exakt zentriert wurde.

Den Griff formen

Jetzt sind wir beim interessantesten Teil der Arbeit angekommen, nämlich der endgültigen Formgebung des Griffes. Sägen Sie mit der Konturensäge mit einem Sägeblatt für Metall die aufgezeichneten Konturen aus. Zuerst werden die Ober- und Unterseiten geformt, wenn Sie die Grifform aufgezeichnet haben, sägen Sie auch die Seiten zurecht. Eine Raspel ist das einzige Werkzeug, das Sie brauchen. Raspeln Sie den Griff auf die gleiche Weise zurecht, wie es beim Holzgriff in seiner Rohform auf Seite 30 beschrieben wird **(siehe die Abb. 9 bis 12 oben)**. Führen Sie diese Arbeit sorgfältig aus, dann können Sie später direkt das Schleifpapier nehmen. Denken Sie daran: Holz ist viel weicher als Horn. Achten Sie auf die Stöße zwischen Holz und Horn.

Beginnen Sie wie beim Holzgriff mit Schleifpapier der Körnung 80 und gehen Sie herunter bis Körnung 180

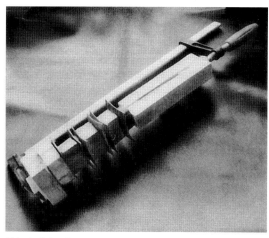

Abb. 8 Schnellmontage des Messers

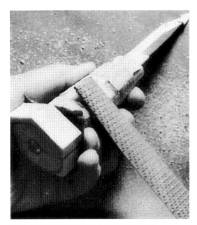

Abb. 9 Geben Sie dem Griff seine
Rohform mit der Raspel

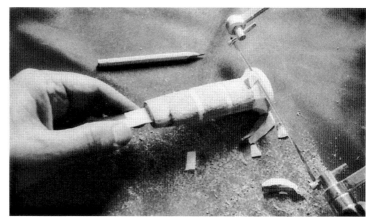

Abb. 11 Jetzt sind die Ecken an der Reihe

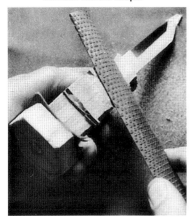

Abb. 10 Sägen oder raspeln Sie das gekehlte Endstück des Messers aus

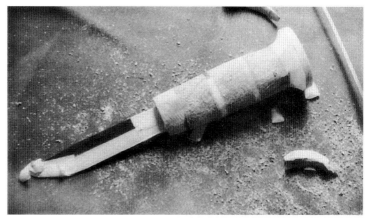

Abb. 12 Der Griff in Rohform

(Abb. 13). Sie brauchen unter Umständen eine halbrunde Feile und einen Schleifklotz für die Ecken (Abb. 14 und 15). In Horn bilden sich durch grobes Schleifpapier viel leichter Riefen als in Holz. Arbeiten Sie also vorsichtig mit dem groben Schleifpapier und richten Sie sich darauf ein, daß sie mehr Zeit zur Bearbeitung der Hornteile brauchen. Führen Sie das Wässern wie beim Vormodell mehrmals aus und polieren Sie zum Schluß mit Stahlwolle.

Oberflächenbehandlung

Zum Schluß ölen Sie den Griff mit der selben Mischung wie den Holzgriff (siehe Seite 32). Das Holz erhält dadurch einen wunderbaren Glanz. Tränken Sie aber das Horn nicht solange mit Öl wie das Holz, sonst kann eine häßliche gelbe Verfärbung auftreten. Lackieren Sie es,

wenn Sie wollen auch mit Kunststofflack, dann aber in mehreren dünnen Lagen.

Ich möchte hier nicht darauf eingehen, wie man Horn graviert. Man kann es nicht im Handumdrehen erlernen. Hier scheitern die meisten Leute, die keine Sami sind und die ein Messer nach lappländischem Vorbild herstellen wollen. Diese Kunst muß man eigentlich von Kindesbeinen an gelernt haben. Das Gravieren erfordert künstlerische Begabung und man muß es fast täglich üben, um Erfolg zu haben. Diese Technik ist schwierig zu erlernen und man muß sich daran gewöhnen. Die Linien werden leicht zu grob, die Gravur ungleichmäßig und unförmig. Wenn Sie es versuchen wollen, üben Sie an Abfallstücken – nicht an einem fertigen Messer. Über die Technik selbst können Sie in Büchern über das Kunsthandwerk der Sami nachlesen.

Abb. 13 Formen Sie den Griff mit Schleifpapier

Abb. 14 Geben Sie dem gekehlten Endstück seine endgültige Form mit einer halbrunden Feile

Abb. 15 Formen und schleifen Sie die Oberseite des Endstücks mit einem Schleifklotz

Machen Sie ein Messer, in dessen Griff auch Leder-schichten enthalten sind, dann wundern Sie sich nicht, wenn sich dieser sich durch das weiche Leder leicht in verschiedene Richtungen biegen läßt. Wenn es hart ge-worden ist, hört das auf.

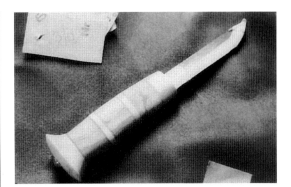

Abb. 16 Der Griff ist fertig geschliffen und wartet auf die Behandlung mit Öl

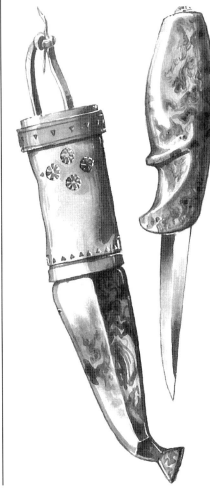

Schnitzmesser mit Griff aus gemaserter Birke, die Klinge aus Dreilagen-Kohlenstoff-stahl. Durch die Form des Griffs liegt das Messer beim Schnitzen gut in der Hand. Das Unterteil der Scheide ist aus gemaserter Birke, die obere Hülse aus pflanzlich gegerbtem Leder

Messergriffe aus Leder oder Rinde

Haben Sie viele Abfallstücke von dickem Leder oder Rinde, können Sie sich einen Messergriff aus diesen Werkstoffen machen. Derartig Abfallstücke von kräftigem pflanzlich gegerbtem Leder gibt es auch manchmal billig zu kaufen. Auch Birkenrinde kann man käuflich erwerben, wenn man in seiner Umgebung keine findet. Für die beiden Enden des Griffes taugen Leder oder Rinde allerdings nicht. Hier müssen Sie härteres Material nehmen.

Hornstücke eignen sich hervorragend, genauso hartes Holz oder Platten von mindestens 2 mm dickem Messingblech. Sehen Sie sich die Farbabbildung auf der Umschlagseite an, die ein Messer mit Griff aus Rinde zeigt.

Zuerst bereiten Sie die Birkenrinde vor **(Abb. 1)**. Dann schneiden Sie ausreichend große Quadrate aus der Rinde oder dem Leder **(Abb. 2).** Dafür brauchen Sie eine

Messer mit einem Griff aus Rinde. Der Griff ist weich, warm und rutschfest. Solche Griffe haben eine uralte Tradition und sind sehr empfehlenswert.

Abb. 1   Schälen Sie die weiße Schicht der Birkenrinde ab

ganze Menge. In die Mitte eines jeden Stückes (zeichnen Sie die Diagonalen auf) machen Sie Löcher für die Angel. Viele Handwerker bevorzugen eine Lochzange oder ein Locheisen. Ich glaube jedoch, daß diese zu grob sind. Zum Beispiel bei dicker Rinde reißt mit absoluter Sicherheit jedes Stück, wenn Sie ein Locheisen verwenden oder mit einem großen Bohrer bohren. Ich bohre zwei Löcher mit einem kleinen Bohrer in der Dicke der Angel (**Abb. 3**) und verbinde sie anschließend mit einem Messer zu einem rechteckigen Durchbruch (**Abb. 4**). Das geht zwar langsamer, aber dabei erhält man unbeschädigte Stücke. Das Leder ist gleichmäßig dick, aber bei

Abb. 3   Bohren Sie das Loch für die Angel

Rinde muß man die sich berührenden Oberflächen mit einer Raspel bearbeiten oder die oberste Schicht mit einem Messer schälen.

Für das vordere Stück machen Sie ebenfalls ein Langloch in Form der Angel. Anschließend werden die Leder- oder Rindenstücke aufgestapelt (**Abb. 5 und 6**). Jedes Einzelteil wird mit Epoxyd-Kleber verklebt. Ich empfehle, nicht mehr als 5 bis 10 Stücke auf einmal zu verkleben. Auf der einen Seite können sie dann besser austrocknen, und auf der anderen Seite haben Sie so die beste Kontrolle über die Paßform. Wollen Sie schneller vorankommen, können Sie längere Lederstreifen ausschneiden und diese mit Epoxyd-Kleber aufeinanderkleben, so daß Sie einige Stapel erhalten. Legen Sie die Stapel unter Druck. Nach dem Trocknen werden die

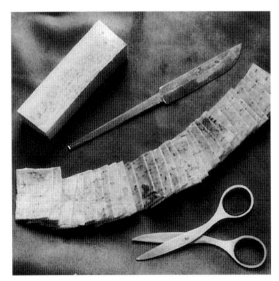

Abb. 2   Jetzt sind alle Rindenstücke ausgeschnitten. Auf dem Bild sieht man auch das Material für die Endstücke des Griffs

Abb. 4

Erweitern Sie die Bohrlöcher mit einem Messer oder Stecheisen zu einem rechteckigen Durchbruch

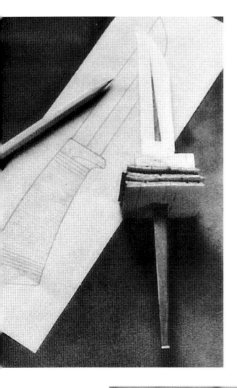

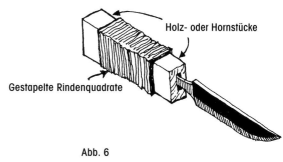

Holz- oder Hornstücke

Gestapelte Rindenquadrate

Abb. 6

Messer mit einem Griff aus Rinde oder Leder

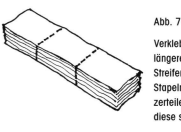

Abb. 7

Verkleben Sie längere Streifen in Stapeln, und zerteilen Sie diese später

Abb. 5

Hier sehen Sie das vordere Endstück mit dem ersten Satz Rindenquadrate verleimt

Abb. 8

Der fertig geleimte Griff in der Schraubzwinge

Stapel auf passende Länge zurechtgeschnitten **(Abb. 7)**. Machen Sie Löcher in jeden Stapel, wie oben schon erklärt. Drücken Sie diese Teile auf die Angel und verleimen Sie diese größeren Einheiten. Pressen Sie alles gründlich zusammen.

Wenn Sie weit genug zum hinteren Ende gekommen sind, setzen Sie das Abschlußstück auf. Achten Sie darauf, daß nur einige Millimeter der Angel über die Nietscheibe hervorstehen. Jetzt ist es wichtig, ausreichend Druck auszuüben, damit alles zusammenhält. Es gibt dazu zwei Methoden: Sie können auf das hintere Ende der Angel mit einem Gewindeschneider ein Gewinde schneiden. Ein solches Werkzeug ist recht teuer. Hören Sie sich also um, ob Sie sich nicht im Eisenwarenhandel

für diese selten durchgeführte Arbeit einen ausleihen können. Schrauben Sie danach eine Kronenmutter in passender Größe auf und drehen Sie sie so fest, daß der Griff unbeweglich ist.

Die zweite Methode ist, eine große Nietscheibe zu benutzen, um die Angel zu vernieten. Nachdem alles einige Tage getrocknet ist **(Abb. 8)**, müssen Sie noch den Griff mit Messer, Raspel, Feile und Schleifpapier formen **(siehe Abb. 9 bis 12)**.

Ein Griff aus Leder oder speziell Rinde liegt besser und sicherer in der Hand als einer aus anderen Werkstoffen. Ganz besonders bemerken Sie den Unterschied, wenn es draußen naß ist. Er ist warm und angenehm bei Kälte, wenn Sie ihn nicht lackiert haben, und nimmt an war-

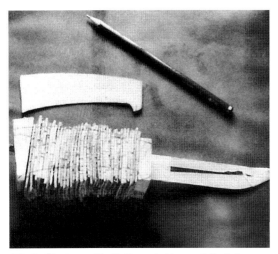

Abb. 9　Übertragen Sie die Pappschablone auf die Seiten des Griffs

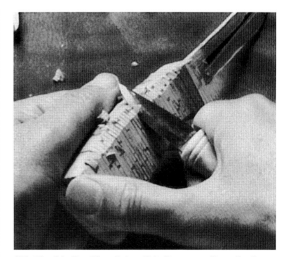

Abb. 11　Arbeiten Sie mit dem Schnitzmesser die grobe Form heraus

Abb. 10　Sägen Sie den Griff aus

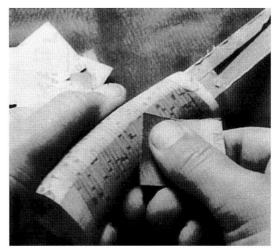

Abb. 12　Bearbeiten Sie den Griff mit Schleifpapier in unterschiedlichen Körnungen

men Tagen den Handschweiß auf. Man könnte glauben, daß der Griff weich wird, aber bei richtiger Oberflächenbehandlung ist er so hart, als wäre er aus Holz.

Gekaufte Messer mit Leder- oder Rindengriff sind oft mit Klarlack überzogen. Aus diesem Grund fassen sie sich nicht mehr so angenehm an. Sie können den Griff aber mit Schleifpapier bearbeiten, bis der Lack entfernt ist. Den Ledergriff schleifen Sie später mit feiner Stahlwolle, die in Lederfett getaucht wurde. Bearbeiten Sie den Griff in Längsrichtung. Einen Griff aus Birkenrinde schleifen Sie mit Stahlwolle, die Sie in die übliche Mischung aus

Leinöl und Balsamterpentin getaucht haben. Lassen Sie das Messer einige Tage liegen, um es anschließend nochmals zu schleifen. Das sollten Sie fünf- bis zehnmal wiederholen.

Vergessen Sie nicht, den Griff später zwei-, dreimal im Jahr ordentlich einzureiben. So verhindern Sie, daß Sie bald einen weichen, losen und übelriechenden Griff haben. Das Ergebnis ist ein Messer nach uralter Tradition, und ich bin sicher, daß heute noch viel zuwenig Messer aus diesen wunderbaren Werkstoffen hergestellt werden. Sie behalten durchaus auch nach langer Nutzung ihre Form.

Einfache Messer

Ich möchte gern den Teil über die Messerherstellung mit ein paar einfachen Messermodellen abschließen. Das erste gehört zu den Messern, die am einfachsten zu machen sind. Glauben Sie aber deshalb nicht, daß es ein häßliches oder schlechtes Werkzeug ist! Ganz im Gegenteil: Sie erhalten in ziemlich kurzer Zeit ein voll ein-

satzfähiges Messer. Mit Phantasie und etwas Schaffensfreude kann es sowohl gut aussehen als auch sehr individuell werden. Man sollte jedoch bedenken, daß dieses Modell nicht die allerhärtesten Beanspruchungen verträgt.

Einfaches Messer mit Holzgriff

Die Methode beinhaltet ganz einfach, daß Sie eine nagelförmige Angel in ein Stück Holz schlagen, das danach zu einem Griff geformt wird.

Nehmen Sie eine nicht zu teure oder zu harte Klinge aus Kohlenstoffstahl mit einer Länge von ca. 7 bis 8 cm. Spannen Sie die Klinge in einen Schraubstock, oder befestigen Sie sie an der Tischplatte mit Schraubzwingen. Vergessen Sie nicht, die Schneide zum Schutz abzukleben.

Nehmen Sie Ihre Metallsäge und schneiden Sie die Angel auf eine Länge von 6 bis 7 cm zurück. Feilen Sie sie so, daß sie vom Ende bis zur Klinge gleichmäßig 7 bis 10 mm breit ist **(Abb. 1)**. Entfernen Sie mit der Feile auch die Kehle der Angel am Übergang zur Klinge, so daß Sie dort statt dessen einen rechten Winkel erhalten **(Abb. 2)**. Wenn die Kehle erhalten bleibt, besteht das Risiko, daß sie wie ein Keil wirkt, der den Griff spalten kann, wenn Sie das letzte Stück einschlagen.

Bearbeiten Sie die Kanten der Angel mit der Feile, bis Sie auf der Ober- und Unterseite eine schneidenähnliche Form erhalten **(Abb. 3)**. Feilen Sie die Spitze so, daß sie ungefähr wie ein Nagel aussieht. Das Maß und die Form können Sie **Abb. 3** entnehmen. Diese Arbeiten nehmen eine Weile in Anspruch. Deshalb kann es sinnvoll sein, sie auf zwei Tage zu verteilen, damit Sie nicht so schnell müde werden.

Wollen Sie frisches Holz für den Griff nehmen, beachten Sie, daß die meisten einheimischen Hölzer bei der Trocknung leicht reißen. Ich rate Ihnen deshalb, Wacholderholz zu nehmen. Wacholder ist eine der wenigen Holzarten, die beim Trocknen nur selten reißen. Es ist fest und dicht und trotzdem in frischem Zustand leicht zu schnitzen. Außerdem duftet es herrlich bei der Bearbeitung. Wacholder gibt es an mancherlei Stellen, aber vergessen Sie nicht, die Genehmigung des Besitzers einzuholen, bevor sie ihn schneiden!

Gibt es eine größere Auswahl an Hölzern, kann man auch Esche mit bestem Resultat verwenden, genauso wie Buche oder Eiche. Ich selbst benutze häufig das Buschholz der Esche, welches jedes Jahr an den Straßenrändern abgeschnitten wird. Dies Holz ist für einen Messergriff ausreichend dick. Manchmal reicht schon ein Ast für ein einfaches Messer.

Sägen Sie ein Stück Holz ab, das etwas länger ist als die Breite Ihrer Hand. Spannen Sie die Klinge am besten in einen Schraubstock ein, wobei die Spitze der Angel nach oben zeigen muß. Die Messerspitze setzen Sie auf einen groben Holzklotz **(Abb. 4, links).** Plazieren Sie die Spitze der Angel in die Mitte des Hirnholzes, und schlagen Sie danach den Griff vorsichtig darauf. Achten Sie darauf, daß Griff und Klinge miteinander eine Linie bilden. Wollen Sie dem Messer eine bessere Festigkeit gegen

Drehkräfte geben, können Sie die Enden der Klinge etwas anfeilen **(Abb. 4, rechts).** Aber schlagen Sie diese Kante nur ganz wenig ins Holz ein, gerade so viel, daß alles fest sitzt. Sonst besteht die Gefahr, daß der Griff spaltet.

Formen Sie Ihren Schaft mit dem Messer, der Raspel, Feile und Schleifpapier **(Abb. 5).** Bestreichen Sie das Hirnholz mit einer kräftigen Lage Holzleim. Dies verzögert die Austrocknung und vermindert dadurch das Risiko der Entstehung von Trockenrissen in Ihrem Messergriff. Behandeln Sie den fertigen Griff abschließend mit gekochtem Lein- oder Paraffinöl.

Einfaches Messer
mit kurzem Holzgriff

Es gibt etliche Gründe, warum dieses Messer viel einfacher herzustellen ist als die vorher besprochenen. Der Griff ist kurz und es macht keine Schwierigkeit, ihn gerade zu durchbohren. Die Form läßt sich leicht herausar-

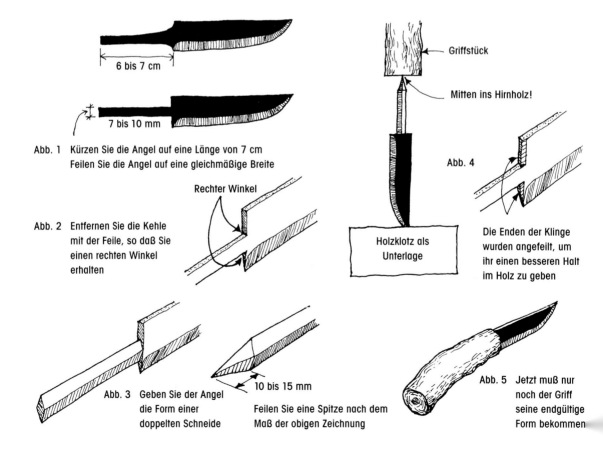

6 bis 7 cm

7 bis 10 mm

Abb. 1   Kürzen Sie die Angel auf eine Länge von 7 cm
Feilen Sie die Angel auf eine gleichmäßige Breite

Rechter Winkel

Abb. 2   Entfernen Sie die Kehle
mit der Feile, so daß Sie
einen rechten Winkel
erhalten

Griffstück

Mitten ins Hirnholz!

Abb. 4

Holzklotz als
Unterlage

Die Enden der Klinge
wurden angefeilt, um
ihr einen besseren Halt
im Holz zu geben

Abb. 3   Geben Sie der Angel
die Form einer
doppelten Schneide

10 bis 15 mm

Feilen Sie eine Spitze nach dem
Maß der obigen Zeichnung

Abb. 5   Jetzt muß nur
noch der Griff
seine endgültige
Form bekommen

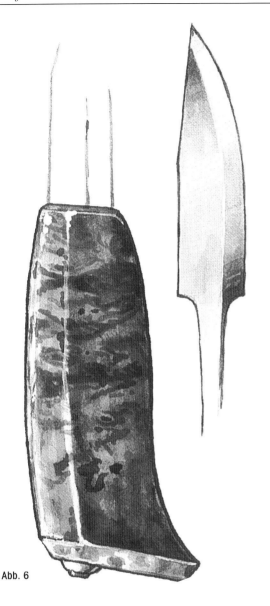

Abb. 6

gen. Aber machen Sie den Griff nicht länger als diesen hier. Zeichnen Sie das Griffmodell auf und halten Buchseite und Ihre Zeichnung gegen ein Fenster. So können Sie in der Durchsicht vergleichen. Schneiden Sie dann die Konturen des Griffes aus. Legen Sie die Schablone auf das Holz, aus dem Sie den Griff anfertigen wollen, und reißen Sie entlang der Kanten die Form an. Durch das Schraffieren der Flächen werden die Konturen deutlich. Sägen Sie den Griff aus, wobei Sie zum Riß hin reichlich Abstand lassen.

Legen Sie die Angel flach auf die Seite des Griffrohlings **(Abb. 7)**. Das hintere Ende der Klinge muß Kante an Kante mit dem vorderen Ende des Rohlings liegen.

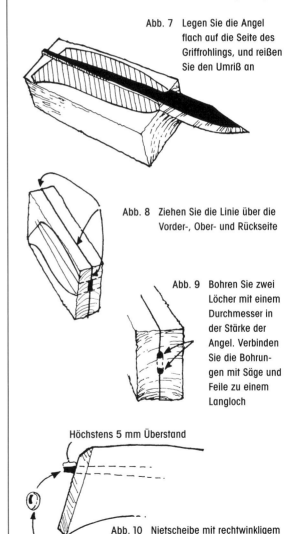

Abb. 7   Legen Sie die Angel flach auf die Seite des Griffrohlings, und reißen Sie den Umriß an

Abb. 8   Ziehen Sie die Linie über die Vorder-, Ober- und Rückseite

Abb. 9   Bohren Sie zwei Löcher mit einem Durchmesser in der Stärke der Angel. Verbinden Sie die Bohrungen mit Säge und Feile zu einem Langloch

Höchstens 5 mm Überstand

Abb. 10   Nietscheibe mit rechtwinkligem Durchbruch

beiten. Das hintere Ende des Griffes ist völlig flach, dadurch kann man die Angel problemlos vernieten.

Kaufen Sie eine Klinge aus Kohlenstoffstahl, solche Messerklingen sind im gutsortierten Eisenwarenhandel erhältlich. Sie können Messerklingen aber auch bei einem Versandgeschäft bestellen. Die Klinge sollte nicht länger als 8 bis 9 cm sein, besser noch kürzer, da sonst die Proportionen des Messers nicht stimmen.

Mein Griff ist im Maßstab 1:1 abgebildet **(Abb. 6)**. Sie werden Ihr eigenes Modell entwerfen und zu Papier brin-

Zeichnen Sie die Angel an. Jetzt wissen Sie genau, wie groß das Loch im Griff sein muß.

Reißen Sie eine senkrechte Linie auf der Mitte des vorderen Griffendes an **(Abb. 8).** Hier soll die Angel später hineingehen. Ziehen Sie eine Linie ebenfalls über die Mitte der Oberseite des Griffrohlings. Verlängern Sie die Linie über die Mitte des hinteren Endes des Griffs. Hier soll später die Angel wieder herauskommen.

Messen Sie die Stärke der Angel. Auf dem vorderen Ende des Rohlings reißen Sie ein rechtwinkliges Loch an, das die Eintrittsstelle der Angel markiert **(Abb. 9).** Oben und unten innerhalb dieser Markierung bohren Sie zwei Löcher ca. 2 bis 3 cm tief in das Holz. Der Bohrer sollte den selben Durchmesser haben, wie die Angel stark ist. Drehen Sie den Griffrohling um, und bohren Sie mit einem Bohrer, dessen Durchmesser der Breite der Angel entspricht, ein Loch von hinten in den Griff, so daß sich die Löcher treffen. Markieren Sie die erforderliche Bohrtiefe mit Klebeband auf dem Bohrer, damit Sie von hinten nicht zu tief bohren! Verbinden Sie die beiden vorderen Bohrungen mit einem geeigneten Sägeblatt zu einem rechtwinkligen Loch. Für die Ecken werden Sie eine Feile brauchen können. Probieren Sie immer wieder, ob die Angel stramm in das Loch paßt. Feilen Sie das Loch entsprechend, bis sie fast ganz im Griff verschwindet. Nur ein knapper Zentimeter sollte bis zum endgültigen Sitz noch fehlen. Ziehen Sie die Klinge wieder heraus.

Spannen Sie die Klinge in den Schraubstock ein. Damit sie nicht beschädigt wird, legen Sie etwas Holz oder Leder als Schutz zwischen die Backen. Mischen Sie den Epoxyd-Kleber an und füllen damit das Loch. Drücken Sie den Griffrohling auf die Angel und schlagen ihn vorsichtig mit einem Holz- oder Gummihammer ein. Wenn Sie keinen Schraubstock besitzen, setzen Sie die Messerspitze vorsichtig auf ein Stück Holz und verfahren wie bereits geschildert. Es bleibt natürlich ein gewisses Risiko, daß dabei die Spitze beschädigt wird.

Achtung! Die Angel darf hinten nicht mehr als 5 mm überstehen **(Abb. 10).** Wenn nötig kürzen Sie sie mit einer Eisensäge. Messen Sie sorgfältig nach. Nehmen Sie eine Nietscheibe und feilen Sie dort ein Loch hinein, das exakt auf das hintere Angelende paßt.

Direkt nachdem Sie den Griffrohling aufgetrieben haben, legen Sie die fertige Nietscheibe auf und klopfen mit einem Kugelhammer das Angelende, bis es sich gegen die Scheibe festgezogen hat **(siehe Abb. 10).** Es ist sehr wichtig, daß Sie sich beeilen und vernieten, bevor der Kleber ausgehärtet ist (etwa fünf Minuten). Bereiten Sie deshalb alles gut vor. Lassen Sie den Kleber einen Tag trocknen, bevor Sie mit der Arbeit fortfahren.

Arbeiten Sie die Form des Griffes mit einem Messer oder einer Raspel, einer Feile und Schleifpapier heraus. Nachdem Sie die Oberfläche mit Schleifpapier der Körnung 180 endgültig geglättet haben, machen Sie einen Baumwollappen naß und befeuchten die Holzoberfläche. Trocknen Sie sie mit einem Fön. Die Holzfasern, die sich dabei aufrichten, entfernen Sie ohne Druck mit feiner Stahlwolle. Diesen Vorgang wiederholen Sie einige Male.

Tränken Sie den Griff in einer Mischung aus 50 % gekochtem Leinöl und 50 % Balsamterpentin. Dies wiederholen Sie so oft, bis das Holz gesättigt ist.

Zum Schluß müssen Sie die Klinge nur noch abziehen, wenn dies nicht schon geschehen ist. Lassen Sie das Öl wenigstens eine Woche aushärten, bevor Sie Ihr Messer benutzen. Eine passende und leicht herzustellende Scheide finden Sie weiter hinten im Buch.

Verkeilter Griff

Die Klinge mit Holzkeilen im Griff zu fixieren ist eine einfache Befestigungsart. Zuerst messen Sie die Stärke der Angel an ihrer Basis (ganz nahe an der Klinge) und in der Mitte **(Abb. 1)**. Bohren Sie danach ein Loch in den Griffrohling, das genau so groß ist, wie die Angel in der Mitte stark ist. Dieses Loch sollte genau so tief sein wie die Angel lang ist. Anschließend nehmen Sie einen Bohrer in der Stärke der Angelbasis, bohren damit aber nur bis zu einer Tiefe, die der halben Angellänge entspricht **(Abb. 2)**.

Passen Sie die Angel in das Loch ein. Manchmal müssen Sie noch ein wenig auffeilen, damit die Angel exakt paßt. Wenn Sie sie in den Griff hineingepreßt haben, schnitzen Sie zwei Keile. Diese sollten so groß sein, daß sie sich auf jeder Seite der Angel in den Griff einschlagen lassen. Füllen Sie die Löcher mit Epoxyd-Kleber und schlagen Sie anschließend die Keile fest. Wenn sie nicht mehr weiter hineingehen, schneiden Sie sie bündig mit dem Griff ab.

Verlängerung des Griffs

Hin und wieder kann es passieren, daß man eine Klinge erhält, deren Angel nicht lang genug für einen handlichen Griff ist. Speziell bei handgeschmiedeten Klingen kann die Länge der Angel stark variieren. Ich habe das Problem auf die hier gezeigte Art und Weise gelöst.

Wenn Sie bemerken, daß die Angel bereits endet, obwohl Ihr Griff eigentlich noch länger sein sollte, müssen Sie den Griff verlängern. Von der Seite sieht es dann aus wie unten auf der Zeichnung **(Abb. 3)**. In diesem Fall verniete ich die Angel am Ende, so lang sie eben ist. Am besten setzt man dabei eine Nietscheibe ein, wenn der Platz reicht. Ober- und unterhalb der Vernietung bohre ich zwei Löcher von ca. 10 mm Tiefe und ca. 5 mm Durchmesser. In jedes der zwei Löcher leime ich einen Holzdübel, der jeweils ca. 10 mm vorsteht. Danach schwärze ich das Hirnende der Holzdübel mit einem Bleistift und drücke sie gegen die Oberfläche des Holzstückes, das das Griffende werden soll. Der Abdruck markiert die Stellen, an denen ich die zwei 10 mm tiefen

Löcher bohren muß, die die Holzdübel aufnehmen sollen. Wenn diese Verbindung gut paßt, forme ich das Griffende grob vor, bevor ich es mit Epoxyd-Kleber verleime. Beide Teile werden unter kräftigem Druck zusammengehalten.

Diese Lösung ergibt einen haltbaren Griff, da am hinteren Ende keine hohen Belastungen auftreten. Die Holzdübel

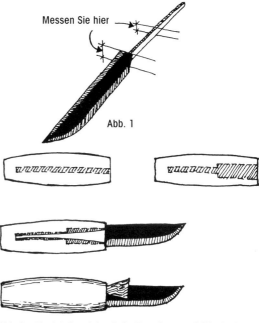

Messen Sie hier

Abb. 1

Abb. 2   Die Arbeitsschritte beim Verkeilen der Griffbefestigung

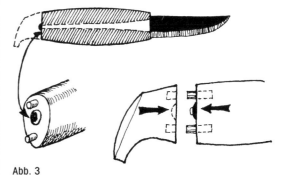

Abb. 3

Abb. 4

Zwingen
unterschiedlicher
Größen und
zwei Messer mit
Zwingen

kann man kaufen, aber ich schnitze meine selbst aus Hartholz wie Eiche, Buche, Esche oder Maserholz der Birke. Sicher, Sie haben dann einen Stoß am hinteren Griffende, aber wenn Sie die verleimten Oberflächen sauber geschliffen haben, fällt das kaum noch auf. Macht man das Endstück aus dem gleichen Holz wie den Griff, fällt es noch weniger auf. Ein Vorteil des Ansetzens eines Stückes ist die völlig glatte Oberfläche des Griffes, es gibt keine störenden Nietköpfe oder Nietscheiben und kein Risiko für Rostansatz.

Zwingen

Die Zwinge für einen Messergriff hat die Form einer Kappe oder Haube aus Metall, die das vordere Ende des Griffs umschließt, an das die Klinge anschließt (Abb. 4). Sie verstärkt den Griff am Übergang zur Klinge und verhindert, daß er reißt. An dieser Stelle wird das Messer am stärksten belastet. Zwingen gibt es in vielen Ausführungen und Werkstoffen. Die Länge variiert von weniger als 1 bis zu 3 cm (damit ist gemeint, wie weit die Zwinge über den Griff geht). Normalerweise sind Zwingen aus Neusilber oder Messing, aber auch aus Stahl oder Aluminium.

Damit die Zwinge ihren Zweck erfüllen kann, darf kein Spiel zwischen Klinge und Griff sein, denn nur so verhindert sie, daß der Griff platzt. Viele industriell hergestellte

Messer haben eine Zwinge, während die Handwerker und Hobbybastler unterschiedliche Lösungen wählen. Viele glauben, daß ihre Messer ohne Zwingen stilvoller seien. Ich selbst benutze Zwingen nur sehr selten. Dadurch erhalte ich mehr Freiheit bei der Gestaltung des Griffs. Vielleicht möchte ich an dieser Stelle den Griff etwas geschwungener ausführen, anstelle des gewöhnlichen stumpfen Endes oder vielleicht sogar eine ganz andere Form wählen. Eine Zwinge führt zu leicht dazu, daß man ein Messer nach dem üblichen Standard macht.

Trotzdem bietet eine Zwinge eine gute Möglichkeit der Verstärkung. Man sollte nicht vergessen, daß die meisten Messer mit Zwingen an dieser Stelle sehr schmal werden und nicht so viel Holz oder Horn die Angel umschließt, was die Haltbarkeit des Griffs ohne Zwinge stark vermindern würde. Benutze ich keine Zwinge, mache ich das vordere Griffende etwas stärker. Es gibt eine einfachung Gleichung: Zwinge + schmales Holz = keine Zwinge + stärkeres Holz. Somit ist die Entscheidung, ob Sie eine Zwinge verwenden wollen, eine Frage der Optik.

Wenn Sie eine Zwinge an Ihrem Messergriff anbringen wollen, müssen Sie diese sehr sorgfältig anpassen. Da die Zwinge gleichzeitig mit der Klinge montiert wird, müssen Sie die Passung davor machen. Zentrieren Sie die Zwinge genau über der Öffnung, die Sie für die Angel gemacht haben und reißen Sie an, wie weit die Zwinge über den Griff gehen soll. Danach bringen Sie das vordere Griffende mit Raspel, Feile und Schleifpapier langsam auf die richtige Form. Prüfen Sie immer wieder, ob es paßt (Abb. 5). Wenden und drücken Sie die Zwinge und justieren sie, bis sie zuletzt ganz festsitzt. Die Zwinge wird mit Epoxyd-Kleber befestigt, und bevor dieser aushärten beginnt, schlagen Sie die Angel in den Griff und vernieten sie auf der Rückseite.

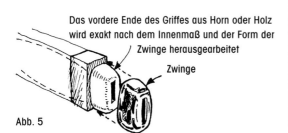

Das vordere Ende des Griffes aus Horn oder Holz
wird exakt nach dem Innenmaß und der Form der
Zwinge herausgearbeitet

Zwinge

Abb. 5

Leder nähen

Wenn Sie Leder auf der Rückseite vernähen, benutzen Sie eine Naht, die man Sattlernaht nennt. Sie hat eine lange Tradition und garantiert Ihnen eine starke und sichere Verbindung. Als Garn nehmen Sie, wie schon auf Seite 19 erklärt, Sehne, Pechschnur oder gewachsten Leinenzwirn. Auch wenn der Leinenzwirn schon gewachst ist, müssen Sie ihn noch einmal durch Bienenwachs ziehen und das überflüssige Wachs abstreichen. Sie benötigen zwei Sattlernadeln, Nr. 3 (diese haben eine abgerundete Spitze). Für die gesamte Lederscheide brauchen Sie ca. einen halben Meter Faden. Für eine Hülse reichen ca. 30 cm.

Fädeln Sie eine Nadel auf jedes Ende Ihres Fadens. Um zu verhindern, daß der Faden aus dem Nadelöhr rutscht, stechen Sie noch einmal zurück, und zwar direkt durch den Faden **(Abb. 1, oben).** Verfahren Sie so mit beiden Nadeln.

Markieren Sie den Verlauf der Naht. Wenn Sie für jedes neue Messer eine eigene Scheide machen müssen, können Sie nicht im voraus jedes Loch der Naht anzeichnen. In diesem Fall legen Sie ihr Lederstück rund um das Messer und halten es zusammen. Ziehen Sie das Leder auf der Rückseite so stramm wie Sie können. Haben Sie das Leder eine Weile gedehnt, zeichnen sich die Umrisse des Messers ab. Dieser Form soll Ihrer Naht so genau wie möglich folgen. Wenn Sie glauben, daß Sie mit dem Augenmaß nicht den gleichen Abstand zwischen den Stichen halten können, nehmen Sie ein Rändelrädchen (mit 4 bis 5 mm Spitzenabstand) zu Hilfe. Rollen Sie entlang der zukünftigen Naht, etwa 1 mm oberhalb des Falzes, der sich am hochstehenden Leder bildet, das Sie festhalten und dehnen **(siehe Abb. 1, unten).**

Eins sollten Sie bedenken: Wenn Sie die Löcher direkt in dem Falz markieren, kommt die Naht zu weit unten zu liegen. Dann bestünde das Risiko, daß die Naht etwas auseinandergeht, wenn das Leder trocknet und sich zusammenzieht. Sind Sie der Meinung, daß die vorausgehenden Arbeitsgänge zu schwierig oder undurchführbar sind, können Sie den Lochabstand immer noch nach Augenmaß festlegen. Mit etwas Übung an einem Stück

Leder funktioniert das meistens ganz gut. Wenn Ihnen nicht ganz genau der gleiche Abstand zwischen den Löchern gelingt, ist das nicht weiter schlimm. Viele Sami nähen auf diese Weise.

Sicher ist es schön, wenn Ihnen eine perfekte Naht gelingt, aber es geht nicht immer. Die Naht liegt ja auch nicht vorn, und Sie zeigen sie auch nicht unbedingt herum! Wichtig ist, daß die Naht ihre Funktion erfüllt. Geben Sie Ihr bestes und seien Sie nicht nachlässig. Bei dieser Arbeit benutze ich zum Stechen der Löcher einen geraden Pfriem. Bei dickerem Leder kann es notwendig sein, mit dem Pfriem von beiden Seiten einzustechen, um ein ausreichend großes Loch zu erhalten. Denken Sie daran, daß Löcher im nassen Leder schnell wieder schrumpfen, machen Sie sie deshalb nicht zu klein!

Wenn Sie dagegen eine Schablone machen und mehrere exakt gleiche Lederscheiden, können Sie nahezu perfekte Nähte erreichen. Schneiden Sie ein exakt passendes

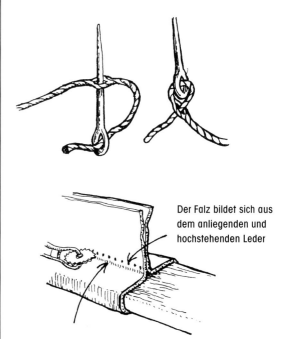

Der Falz bildet sich aus dem anliegenden und hochstehenden Leder

Abb. 1 Markieren Sie die Löcher einige mm über diesem Falz

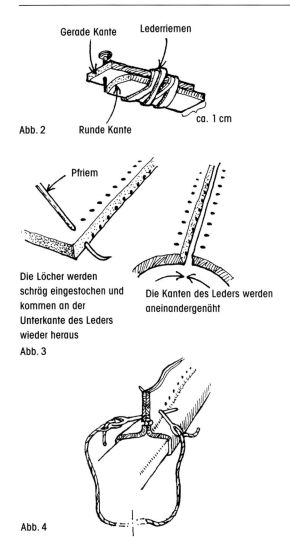

Abb. 2

Die Löcher werden schräg eingestochen und kommen an der Unterkante des Leders wieder heraus
Abb. 3

Die Kanten des Leders werden aneinandergenäht

Abb. 4

ein stumpfer Nagel sich stramm durchdrücken läßt. Die Spitze sollte aus der unteren Leiste etwas herausragen. Umwickeln Sie beide Brettchen mit einem Stück Lederband, und schon haben Sie ein gutes Reißmaß. Jetzt können Sie leicht den Abstand zur Lederaußenkante einstellen. Lösen Sie dazu nur das Lederband, verschieben Sie die Leisten gegeneinander und binden alles wieder fest.

Haben Sie die Markierung im Leder angebracht, ist es einfach, mit dem Rändelrädchen die Löcher anzuzeichnen, wo Sie mit Ihrem Pfriem die Löcher machen müssen. Jetzt könnten Sie auch eine Ziernaht nähen, die aber deswegen nicht haltbarer ist als die vorher beschriebene. Stechen Sie die Löcher nicht senkrecht in das Leder, sondern schräg, wodurch die Nadel an der Unterkante des Leders wieder herauskommt **(Abb. 3, links)**. Es kann am Anfang sehr schwierig sein, alle Löcher richtig vorzustechen. Sind Sie damit fertig, stoßen Sie die Kanten aneinander und vernähen sie miteinander **(Abb. 33, rechts)**. Haben Sie alles genau durchgeführt, wird das Resultat dementsprechend gut.

Vergessen Sie zwei Dinge nicht: Erstens: Schärfen Sie das Leder zur Kante hin etwas an, bevor Sie nähen **(siehe Abb. 11 im Kapitel »Scheiden aus verschiedenen Materialien«)**. Entfernen Sie aber nicht mehr als die halbe Stärke des Leders! Zweitens: Beim Stechen der Löcher verwenden Sie eine Unterlage, damit Sie die Spitze des Pfriems nicht beschädigen. Dazu eignet sich am besten ein Schneidbrett aus Kunststoff, ein Holzstück oder ein großer Leder- bzw. Korkabschnitt.

Wollen Sie sichergehen, daß der Nähfaden gut gegen äußere Einflüsse geschützt ist, schneiden Sie eine kleine Nut zwischen den Löchern ein. Diese sollte genauso tief wie die Stärke des Fadens sein, damit dieser im Leder versinken kann. Schwarze Pechschnur färbt Finger und alles andere, das sie berührt, und die Spuren lassen sich nicht mehr entfernen. Schützen Sie deshalb die Teile der Scheide mit Kunststoffolie.

Wollen Sie mit zwei Nadeln von beiden Seiten nähen, kreuzt sich der Faden jeweils im gleichen Loch **(Abb. 4)**. Schon beim ersten Loch kann es passieren, daß die Nadeln festsitzen. Um nicht zu große Löcher machen zu müssen, ziehe ich die Nadeln dann mit einer Flachzange durch. Damit Sie eine schöne Naht erhalten, müssen Sie die Nadeln immer in derselben Reihenfolge durch die Löcher ziehen, beispielsweise die linke Nadel vor der

Lederstück zu, so daß kein Abfall entsteht. Dabei können Sie die genaue Plazierung der Naht durch Anwendung einer Kartonschablone markieren. Legen Sie die Schablone einige Millimeter von der Außenkante des Leders entfernt an, und markieren Sie mit einem Pfriem den Falz, in den die Naht zu liegen kommt.

Sie können sich auch ganz einfach ein kleines Reißmaß für den selben Zweck anfertigen **(Abb. 2)**. Nehmen Sie zwei plane, 1 cm breite und einige Millimeter starke Leistenstücke. Es reicht, wenn sie ca. 4 bis 5 cm lang sind. Den Kopf der unteren Leiste runden Sie ab. So wird es leichter, den geschwungenen Konturen des Leders zu folgen. Bohren Sie ein Loch in die obere Leiste, so daß

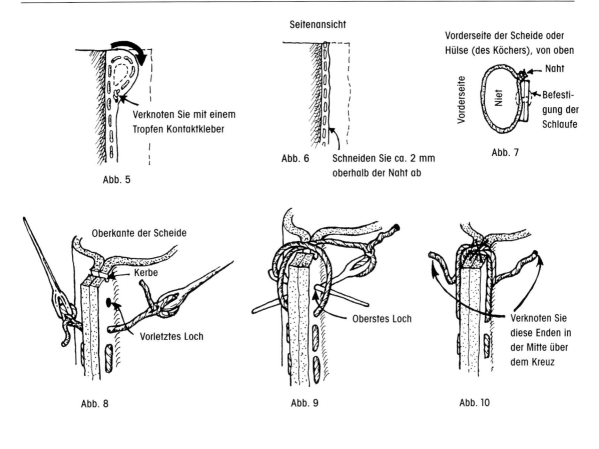

Seitenansicht

Verknoten Sie mit einem
Tropfen Kontaktkleber

Abb. 5

Abb. 6 Schneiden Sie ca. 2 mm
oberhalb der Naht ab

Vorderseite der Scheide oder
Hülse (des Köchers), von oben

Naht

Befesti-
gung der
Schlaufe

Vorderseite

Niet

Abb. 7

Oberkante der Scheide

Kerbe

Vorletztes Loch

Abb. 8

Oberstes Loch

Abb. 9

Verknoten Sie
diese Enden in
der Mitte über
dem Kreuz

Abb. 10

Abb. 11 Sattlernaht
von oben gesehen
(stark vergrößert)

rechten. Sie nähen von unten nach oben. An der Stelle, wo ich zu nähen beginne, schneide ich eine kleine Kerbe ein, damit der Faden dort einsinkt. Auf diese Weise wird der Faden vor Einwirkungen geschützt. Ziehen Sie nach jedem Stich den Faden ordentlich stramm.

Das obere Ende der Scheide können Sie auf unterschiedliche Art und Weise gestalten. Das hängt ganz davon ab, was Sie dort für eine Schlaufe anbringen wollen. Beim lappländischen Messertyp nähen Sie ganz oben einen Bogen, damit sich eine Öse für die Öffnung der Befestigungsschlaufe bildet **(Abb. 5)**. Die Enden der Fäden verknoten Sie ordentlich und geben einen kleinen Tropfen Kontaktkleber darauf.

Sollten Sie dagegen auf der Rückseite eine Schlaufe vernieten wollen, beenden Sie die Naht wie auf den **Abb. 6**

und **7** zu sehen. In diesem Fall bleibt die Naht bis oben gleich dick. Trotzdem muß sie etwas zur Seite hin verschoben werden, damit die Schlaufe Platz hat **(Abb. 7)**.

Ganz oben mache ich einen Einschnitt in die Lederkante, um den Faden zu versenken **(Abb. 8)**. Dann ziehe ich den Faden durch, so daß er sich in der Kerbe kreuzt, bevor ich die Nadeln durch das oberste Loch steche **(Abb. 9)**. Wenn Sie es so gemacht haben, sieht Ihre Arbeit ungefähr aus wie auf **Abb. 10**. Nehmen Sie die Nadeln, nachdem sie durch das letzte Loch geführt wurden, vom Faden. Verknoten Sie oben, wo die Fäden sich in der Kerbe kreuzen. Wenn Sie von oben auf Ihre Sattlernaht schauen, sieht sie aus wie auf der vergrößerten Darstellung in **Abb. 11**.

Handschutz

Abb. 2 Ein kurzer
Handschutz hat
in der Scheide
genug Platz

Abb. 1 Das linke Messer läßt sich in eine gewöhnliche Scheide stecken, während das rechte
mit extra langem Handschutz einen offenen Scheidentyp benötigt

Jedes Jahr verletzen sich viele Menschen, wenn sie Messer ohne Handschutz verwenden, ein Teil bis zur Invalidität. Unglücke passieren in einem unachtsamen Moment, wenn die Hand noch naß ist, oder beim Angeln. Manche Verletzungen lassen sich nur schwer behandeln, und es braucht eine lange Zeit, bis die volle Beweglichkeit der Hand wieder hergestellt ist. Deshalb sollten Messer einen Handschutz erhalten. Bei einem Schnitzmesser, das nur im Haus oder von einer erfahrenen Person benutzt wird, ist der Schutz allerdings oft im Weg. Beim Einsatz im Freien sieht das jedoch anders aus.

Ich vermute, daß einige der Einwände gegen den Handschutz mit der Scheide zu tun haben. Ein Messer mit einem großen Handschutz paßt nur in einen Typ von Scheide – der nur die Klinge bedeckt (siehe z. B. im Kapitel »Einfache Scheiden«). Ich bin bei einem Teil meiner eigenen Messer einen Kompromiß eingegangen: Wenn der Handschutz nicht weiter heraussteht, als der breiteste Teil des Griffes, kann man die meisten Scheiden ausge-

zeichnet benutzen **(siehe Abb. 2 oben).** Das ist natürlich nur ein Kompromiß, aber sicher besser als gar nichts. Abhängig von der Griffform erhält man manchmal einen Schutz von ca. 1 cm Höhe. Das Messer wird dadurch nicht völlig sicher. Einen besseren Schutz bietet natürlich ein Messer mit Handschutz an beiden Seiten, doch da sind Sie wieder auf das eine Scheidenmodell festgelegt.

Sie sollten es sich abgewöhnen, Ihr Messer in den erstbesten Baum oder Stumpf zu stoßen. Auch wenn man bis heute ohne Verletzung davon gekommen ist, heißt das nicht, daß nie etwas passiert. Oft verkeilt sich die Messerspitze so fest, daß man sie durch Drehen und Biegen wieder lösen muß. Dadurch kann die Spitze krumm werden oder ganz zu Bruch gehen. Manchmal löst sich die Klinge auch im Griff. Schon als kleiner Junge wurde mir beigebracht, ein Messer immer mit der Spitze nach unten zu führen. Legt man das Messer auf den Boden, wählt man eine weiche Unterlage. Die Schneide muß dann vom Körper weg weisen. Dies ist auch heute noch ein wichtiger Grundsatz.

Messerscheiden aus Leder

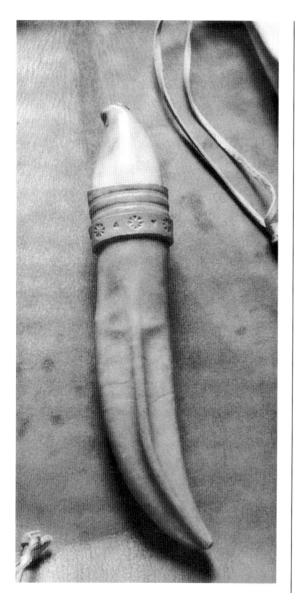

Lederscheide mit hölzernem Klingenschutz innen

Lederscheide ohne Klingenschutz

Messerscheiden können – wie auch der Griff – aus vielen verschiedenen Werkstoffen angefertigt werden: Leder, Horn, Holz oder eine beliebige Kombination davon. Die vielleicht einfachste Methode ist, eine Messerscheide ganz aus Leder herzustellen.

Die Messerscheide aus Leder kann für jedes der vorher beschriebenen Messer benutzt werden. Sie können sowohl pflanzlich gegerbtes Leder oder rindengegerbtes Rohleder als Grundmaterial verwenden. Ersteres ist unempfindlicher. Es nimmt kleine Ungenauigkeiten bei der

Herstellung oder der Planung nicht übel. Es dehnt sich besser und paßt deshalb sehr zu ovaleren oder wulstigen Formen. Eine Stärke von 2 mm ist ausreichend. Das lappländische Messerleder ist nur halb so stark, aber viel widerstandsfähiger gegen innere oder äußere Einwirkungen. Die Paßform ist sehr wichtig, Bei diesem Leder darf man keine Fehler machen. Wenn es um die Paßform geht, kommt es auf Zehntelmillimeter an. Aber lassen Sie sich nicht verschrecken! Es gibt einige Möglichkeiten, diese Schwierigkeiten zu meistern.

Soll die Scheide ganz aus Leder sein, fertigen Sie erst eine Holzschablone in der Größe Ihres Messers an, um das Leder darum zu spannen. Man kann aber auch einen Klingenschutz aus Holz machen und den Griff des Messers als Schablone benutzen. Wir beginnen mit der zweiten Methode, die etwas einfacher ist. Es gibt einige Punkte, an die Sie denken sollten, bevor Sie mit der Arbeit an einer Scheide beginnen.

Abb. 1 Schleifen Sie die aufeinanderliegenden Flächen auf grobem Schleifpapier plan

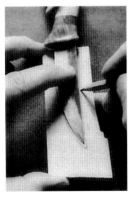

Abb. 2 Reißen Sie die Aussparung für die Klinge an

Abb. 3 Schneiden Sie die Konturen ein

Pflanzlich gegerbtes Leder: Umwickeln Sie den Griff vor dem Vernähen des Leders mit einer Lage Papier, zum Beispiel einem Stück Schreibmaschinenpapier. Darauf legen Sie eine Lage Plastikfolie. So läßt sich das Messer nach dem Trocknen des Leders leichter aus der Scheide ziehen. Wenn Sie die Innenseite der Scheide mit Holzleim einstreichen und darauf eine Lage Pergamentpapier legen, erhalten Sie eine glatte Innenseite. So können Sie bei allen Lederscheidentypen aus pflanzlich gegerbtem Leder verfahren.

Rindengegerbtes Rohleder: Umwickeln Sie den Griff mit zwei bis drei Lagen Papier und danach mit einer Lage Kunststoffolie. Wenn Sie nach einigen Tagen das Messer aus der Scheide ziehen, ist sie zu groß. Wenn Sie dann noch einige Tage ohne Messer trocknet, schrumpft sie auf eine ziemlich genaue Paßform. Die Oberkante der Scheide aus diesem Leder sollte immer nur ein paar Millimeter oberhalb der dicksten Stelle des Griffes enden. So erhalten Sie eine perfekte Paßform, durch die das Messer regelrecht in die Scheide »einschnappen« kann. Weichen Sie das Leder mindestens eine Stunde ein.

Lederscheide mit innenliegendem Klingenschutz

Sägen Sie zwei Stücke Holz zurecht, die 2 bis 3 cm länger und breiter als die Klinge sind. Ebnen Sie die Flächen, die später plan aufeinander liegen sollen mit grobem Schleifpapier auf der Werkbank **(Abb. 1)**. Legen Sie die Klinge auf eine dieser beiden Oberflächen. Reißen Sie eine Linie mit ca. 2 bis 3 mm Abstand zur Außenkontur der Klinge an **(Abb. 2)**. Wenden Sie die Klinge und machen Sie dasselbe auf dem zweiten Holzstück. Danach schneiden Sie mit einem scharfen Messer die Konturen so tief Sie können ein **(Abb. 3)**.

Stechen Sie dann mit einem Stecheisen das Holz zwischen den eingeschnittenen Konturen aus **(Abb. 4)**. Benutzen Sie wieder das Messer, um die Konturen noch tiefer auszuhöhlen. Beide Holzstücke sollten 2 bis 3 mm tief ausgearbeitet werden. Achten Sie darauf, daß der Grund der Vertiefung in jedem Holzstück eben ist und daß er eine gleichmäßige Tiefe erreicht hat. Drehen Sie ein Holzstück um und zeichnen Sie darauf die Außenkonturen Ihrer Scheide. Sägen Sie das überstehende Holz ab. Verleimen Sie danach die beiden Holzstücke mit Holzleim und spannen Sie sie zusammen.

Wenn der Leim abgebunden hat, schneiden Sie ebenfalls den Überstand des zweiten Holzstückes ab. Folgen Sie dabei der Kontur der ersten Hälfte **(Abb. 5)**. Runden Sie die Außenkanten mit Messer, Feile und Raspel ab **(Abb. 6)**. Behandeln Sie das Holz mit gekochtem Leinoder Paraffinöl. Stecken Sie das Messer in den Klingenschutz und messen Sie mit einem Bogen Papier, wieviel Leder Sie für die Herstellung der Scheide brauchen werden **(Abb. 8)**. Legen Sie das Leder rund um das Holz und probieren Sie, ob es paßt. Wahrscheinlich benutzen Sie pflanzlich gegerbtes Leder. Weichen Sie das Leder 5 bis 10 Minuten in lauwarmem Wasser ein. Legen Sie es mittig über Ihren Klingenschutz aus Holz, und nähen Sie das Leder mit einer Sattlernaht **(siehe Seite 53 und Abb. 9)** zusammen. Wenn Sie bis zum Messergriff vernäht haben, stecken Sie das Messer in den Klingenschutz. Darin bleibt es stecken, bis das Leder ganz getrocknet ist **(Abb. 10)**. Zuvor ölen oder fetten Sie die Klinge noch einmal ein, damit sie durch die Feuchtigkeit nicht rostet.

Setzen Sie die Naht nach oben hin fort. Wenn Sie einen halben Zentimeter unterhalb der Oberkante angekommen

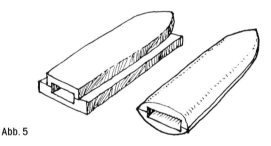

Abb. 5

sind, nähen Sie mit der gleichen Stichlänge nach außen, so daß ungefähr die Form eines halben Herzens entsteht **(Abb. 11)**. Machen Sie einen Knoten **(siehe Abb. 13)**.

Das Leder der Scheide paßt sich nun exakt der Form Ihres Messers an. Wenn Sie die Scheide verzieren wollen, machen Sie das einige Stunden später, dann geht es leichter.

Wurde das Leder einige Tage bei Raumtemperatur getrocknet, schneiden Sie innerhalb der herzförmigen Naht ein Loch **(Abb. 13)**. Dies ist für die Schlaufe, an der Sie Ihr Messer tragen werden. Das überstehende Leder schneiden Sie sauber mit einigen Millimetern Abstand zur Naht ab. Beachten Sie, daß sich unten in der Lederspitze ein Loch befinden muß, das sowohl durch

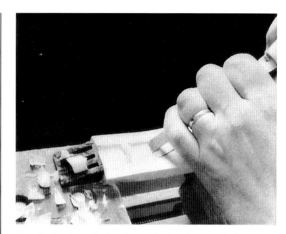

Abb. 4   Stechen Sie den Raum für das Messer mit einem Stecheisen aus

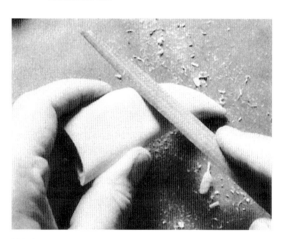

Abb. 6

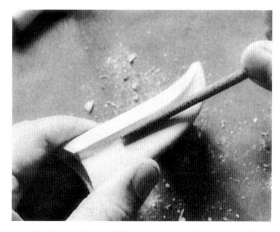

Abb. 7   Formen Sie die Rückseite flach, auf der Vorderseite machen sie einen Grat

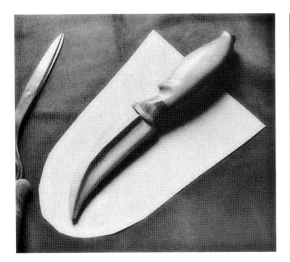

Abb. 8   Ermitteln Sie den Lederbedarf mit Papier und
schneiden Sie das Leder aus

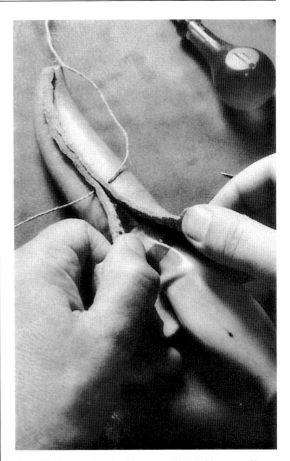

Abb. 10   Stecken Sie das Messer in die Scheide, wenn Sie
mit der Naht die Oberkante erreichen

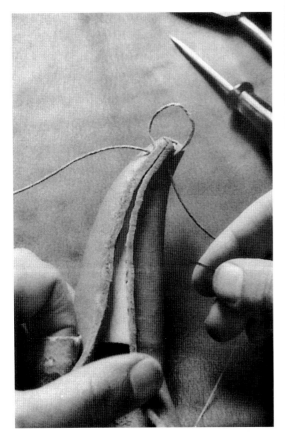

Abb. 9   Vernähen Sie die Scheide von unten nach oben.

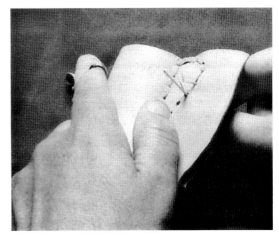

Abb. 11   Bilden Sie mit der Naht einen Bogen von oben
nach unten

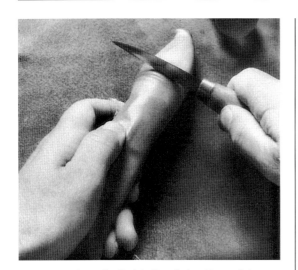

Abb. 12   Verzieren Sie die Scheide mit dem Messerrücken

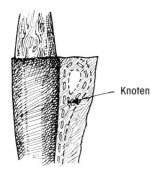

Knoten

Abb. 13

Abb. 14
Bereiten Sie die breite Leder-schlaufe vor und verknoten Sie ihn wie hier zu sehen

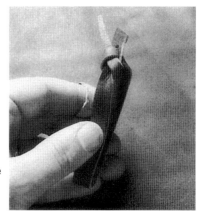

Abb. 15
Dünne verdrillte Lederschlaufe

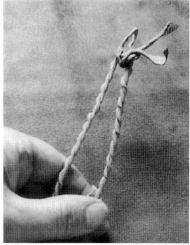

das Leder als auch durch das Holz geht, es dient zur Belüftung und als Abfluß für eventuell eingedrungenes Wasser. Die Schlaufe können Sie auf verschiedene Arten herstellen. Dazu mache Ihnen zwei Vorschläge

Vorschläge für die Schlaufe

Schneiden Sie einen Riemen aus Scheidenleder, ca. 25 cm lang und 1 cm breit. 1,5 cm von einem der Enden entfernt, machen Sie einen ca. 2 cm langen Einschnitt in Längsrichtung des Riemens. Führen Sie den Riemen von hinten in das Loch ein, und verknoten Sie, wie es **Abb. 14** zeigt.

Bei der zweiten Möglichkeit benutzen Sie einen schmaleren Riemen aus Leder von ca. 1 mm Stärke, der ca. 1 m lang sein muß. Diesen weichen Sie ordentlich ein und verdrillen ihn auf der gesamten Länge im Uhrzeigersinn.

Wenn Sie ihn dann in der Mitte zusammendrücken, ohne die Enden loszulassen, rollt er sich auf. Ziehen Sie ihn durch das Loch auf der Rückseite der Scheide und verknoten Sie ihn **(Abb. 15)**. Siehe auch das Kapitel »Schlaufen« mit anderen Vorschlägen.

Lederscheide ohne Klingenschutz

Für eine solche Scheide müssen Sie zunächst ein Holzmodell im Maßstab 1:1 von Ihrem Messer anfertigen. Das Holzmodell wird in der Regel auf Papier aufgerissen. Es soll etwas größer als das Messer sein, damit die Schneide später nicht die Innenseite des Leders beschädigen kann, wenn Sie das Messer herausziehen oder hineinstecken. Nun sollten Sie leicht zu bearbeitendes Holz nehmen und daraus das Holzmodell für die gesamte Länge der Scheide anfertigen. Geben Sie oben noch einige Zentimeter hinzu, damit Sie das Messer-

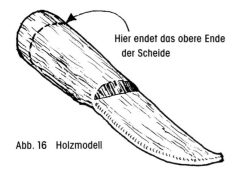

Hier endet das obere Ende
der Scheide

Abb. 16   Holzmodell

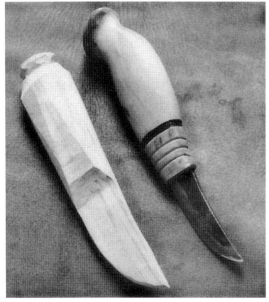

Abb. 17   Messer und fertiges Modell

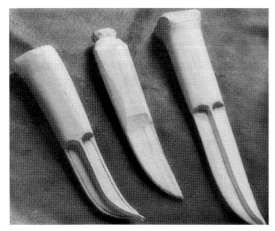

Abb. 18   Beispiele für andere Holzmodelle

modell später leichter aus dem getrockneten Leder herausziehen können **(Abb. 16)**.

Dieser Scheidentyp kann einem Anfänger eine Menge
Kopfzerbrechen bereiten. Der Griff des Holzmodells muß
exakt dieselbe Form und den Durchmesser Ihres Messergriffs erhalten **(Abb. 17 und 18)**. Ein gutes Augenmaß ist
hier die beste Hilfe. Prüfen Sie mit einem Meßschieber,
ob die Maße des Messermodells stimmen. Der Umfang
läßt sich nur schlecht überprüfen. Ich nehme dazu einen
dickeren Nähfaden und nehme an verschiedenen Stellen
des Griffes Maß. Danach übertrage ich dieses auf mein
Holzmodell. Halten Sie den Faden gut fest, damit sich die
Schlaufe nicht öffnet und den falschen Umfang anzeigt!

Ich bearbeite mein Modell sehr langsam, um den richtigen Umfang zu erhalten. Ich raspele und feile immer
nur wenig und messe nochmals nach. Am Ende haben
Sie ein Holzmodell, das im großen und ganzen mit dem
Messer übereinstimmt, zumindest was den Griff angeht.
Wenn Ihr Modell im oberen Teil etwas zu groß geworden
ist, rutscht das Messer zu tief in die Scheide. Ist das
Modell zu klein gewesen, läßt das Messer sich nicht weit
genug einstecken. Letzteres ist das kleinere Übel. In diesem Fall weichen Sie das Leder wieder ein und dehnen
die Scheide zur entsprechenden Größe auf.

Mit dem Holzmodell geben Sie Ihrer Messerscheide die
Form. Damit die Scheide nicht zu grob und unförmig
aussieht, darf der Klingenteil des Modells nicht zu dick
sein – 5 mm reichen. Versuchen Sie, die Oberfläche des
Modells so glatt wie möglich zu machen. So läßt es sich
nach dem Trocknen leichter aus der Scheide ziehen.
Wenn Sie wollen, behandeln Sie Ihr Modell mit gekochtem Leinöl, eventuell auch mit Paraffinöl. Ist das Modell
in der Mitte geteilt und einige Millimeter größer als das
Messer, läßt sich das Messer später leicht aus der
Scheide ziehen. Schneiden Sie den Lederbedarf aus
Papier aus. Übertragen Sie den Umriß mit Bleistift auf
das Leder, und schneiden Sie es aus **(Abb. 19)**. Weichen
Sie das Leder ein, und beschaffen Sie sich in der
Zwischenzeit zwei Sattlernadeln mit Pechschnur, ge-
wachstem Leinenzwirn oder Sehne. Die echte Sehne ist
das absolut beste und haltbarste Material. Danach
kommt die Pechschnur. Haben Sie schwarze Pechschnur, so denken Sie daran, daß sie am Leder abfärben
kann, was sich nicht mehr entfernen läßt.

Pflanzlich gegerbtes Leder wird 5 bis 10 Minuten in lauwarmem Wasser eingeweicht, lappländisches Messer-

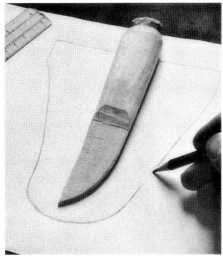

Abb. 19 Zeichnen Sie den Lederbedarf auf Papier auf

Abb. 21   Formen Sie das Leder, und ziehen Sie es stramm um das Modell

Abb. 20   Umwickeln Sie das Modell mit
          Plastikfolie und Papier

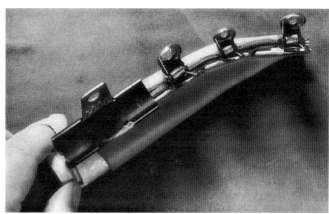

Abb. 22   Klammern halten das Leder fest zusammen

leder mindestens eine Stunde. Falls Sie lappländisches Messerleder benutzen, sollte das Griffstück des Models mit zwei bis drei Lagen Papier und einer zusätzlichen Schicht Plastikfolie umwickelt werden.

Formen Sie das nasse und weiche Leder rund um Ihr Modell **(Abb. 21)**. Am leichtesten geht das, wenn Sie zuerst das Ende des Modells in einen Schraubstock einspannen, so daß es senkrecht steht. Beachten Sie auch, in welcher Richtung – hoch oder quer – sich das Leder am leichtesten biegen läßt, bevor Sie es rund um das Modell ziehen. Achten Sie darauf, daß es sich ent-

spannt und jeder Kontur anpaßt. Dehnen Sie das Leder mit aller Kraft auf der Rückseite der Scheide, wo die Naht sitzen wird. Nach einer Weile hat das Leder die Form des Modells angenommen.

Jetzt fixieren Sie das Leder mit Klammern auf der Rückseite **(Abb. 22)**. Gehen Sie sicher, daß das Leder die ganze Zeit über gespannt bleibt. Sie brauchen mindestens zehn Klammern. Diese müssen auf der Rückseite dicht an dicht angesetzt werden. Dies ist bei runden Konturen am wichtigsten. Die Klammern müssen so nah wie möglich am Holzmodell sitzen. Nach einer Weile

Abb. 23 Verzieren mit dem Messerrücken und einem Stempel aus Holz

Abb. 24

können Sie das Leder verzieren, ohne die Klammern zu entfernen **(Abb. 23)**. Lassen Sie dann das Leder einige Tage trocknen.

Ist die Klingenspitze des Modells gerade, können Sie direkt mit einer Sattlernaht so nah wie möglich an dem Modell entlangnähen. In diesem Fall brauchen Sie keine Klammern. Ist die Spitze unten etwas gebogen **(Abb. 24)** dürfen Sie nicht direkt nähen. Wenn Sie ohne Klammern über einem solchen Modell vernähen, bekommen Sie das Modell niemals aus der Scheide, wenn das Leder getrocknet ist. Nach der Trockenzeit nähen Sie die Scheide mit einer Sattlernaht genau wie die früher beschriebenen Lederscheiden zusammen **(siehe Seite 53)**. Vergessen Sie nicht die Aufhängung für die Halteschlaufe **(Abb. 25)**.

Haben Sie mehr Übung beim Nähen, können Sie versuchen, ohne Nadel zu nähen. Die Spitze des Fadens wachsen Sie oder geben schnell trocknenden Leim darauf. Nach dem Aushärten nähen Sie wie üblich zusammen. Der Vorteil ist, daß Sie mit kleineren Löchern in der Seitennaht auskommen. Das Modell muß während des Nähens in der Scheide bleiben. Schneiden Sie ein kleines Loch in die Lederspitze **(vgl. Seite 62)**.

Ziehen Sie die Naht gut an. Bei zu loser Naht klaffen die Lederteile auseinander, wenn die Scheide trocknet. Haben Sie die Scheide von Anfang an auf dem Modell genäht, kann es etwas schwierig sein, das Modell nach dem Trocknen aus der Scheide zu ziehen. Schlagen Sie in diesem Fall mit einem Hammer abwechselnd leicht gegen das Oberteil der Scheide, dort wo später die Schlaufe befestigt wird, und auf die Oberkante der Vorderseite der Scheide. Dabei sollten Sie ein Holzstück als Schutz dazwischen legen.

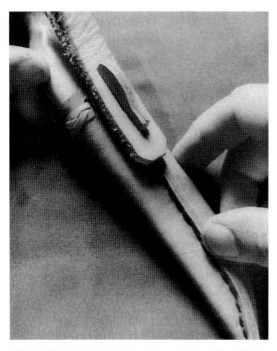

Abb. 25 Die Scheide ist hier bereits vernäht und die Schlaufe angebracht

Scheiden aus verschiedenen Materialien

Dieser Abschnitt beschreibt, wie man eine Hornscheide mit einem Oberteil aus Leder macht. Dies ist einer der häufigsten Typen bei den Messermodellen der Sami.

Um den Hornteil herstellen zu können, braucht man ein breites und flaches Stück Rentierhorn. Einen hierfür geeigneten Teil des Horns findet man direkt am Rosenstock, also ganz nahe am Kopf des Tieres **(siehe Seite 13).** Die besten Stücke findet man, wie bereits im Kapitel »Werkstoffe« erwähnt, am Geweih großer Rentierböcke, die geschlachtet wurden. Diese Messerscheide ist etwas schwieriger herzustellen, als der Griff eines Sami-Messers. Lassen Sie sich nicht von den dabei auftretenden Problemen abschrecken.

Sägen Sie ein passendes Hornstück ab, oder bestellen Sie ein geeignetes im Versandhandel. Geben Sie dabei an, wozu Sie es benutzen wollen. Die Klingenlänge bestimmt die Länge des Hornstücks. Je nach Aussehen des Stück können Sie eine geschwungene Scheide vom nördlichen Typ oder eine eher bogenförmige des südlichen Typs machen.

Eine Holzscheide mit einem Lederköcher als Oberteil sieht man heute leider selten. Meines Wissens gibt es nicht viele Modelle dieser Art, die fabrikmäßig produziert werden. Es sind unsere tüchtigen Messermacher auf dem Land, die sie herstellen. Manchmal sieht man Sami-Messer, bei denen die Scheide aus Holz ist. Meist handelt es sich dabei um große, lange und kraftvolle Messer, die die Samen zum Markieren der Rentierkälber, aber auch als Axt verwenden. Eine Holzscheide ist nicht so stark wie eine aus Horn, aber Holz ist zur Schneide des Messers bedeutend freundlicher und hat ein geringeres Gewicht.

Für mich persönlich ist die Holzscheide der Favorit. Da sie oft aus dem gleichen Holz wie der Messergriff hergestellt wird, bilden beide eine harmonische Einheit. Manchmal stelle ich den Holzteil der Scheide aus Maserholz her. Man kann aber auch die Rückseite aus gewöhnlicher Birke machen. Ein Vorteil ist, daß bei Holzscheiden nicht so viel Abfall anfällt. Ab und zu

reichen die Stücke von der Herstellung des Griffs aus, um eine Scheide daraus zu machen – Stücke, die man andernfalls weggeworfen hätte.

Unterteil aus Horn

Befestigen Sie das Horn im Schraubstock, wobei Sie ein Stück Leder als Schutz für die Seiten nehmen. Teilen Sie das Horn mit einer Bogen- oder Bandsäge. Jetzt haben Sie zwei gleiche Teile, die allerdings noch zu dick sind. Sie müssen deshalb noch Horn mit der Raspel abtragen

Bei dieser Messerscheide ist das Unterteil aus dem Maserholz der Birke gefertigt und mit Kupferdraht vernietet

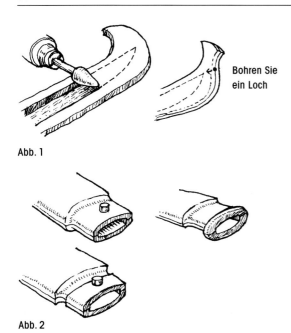

Bohren Sie
ein Loch

Abb. 1

Abb. 2

(ein Sami würde dazu eine scharfe Axt nehmen). Bearbeiten Sie auch die Außenkanten, bis sie Ihren Vorstellungen entsprechen. Die Innenseiten müssen gegeneinander plan sein. Jetzt sollten Sie eine Vorstellung von der Form Ihrer Scheide haben, wie stark sie geschwungen sein soll, wie breit sie unten sein sollte usw.

Legen Sie die Klinge auf die eine Hälfte der Innenseite und reißen Sie die Umrisse auf. Nehmen Sie die andere Hälfte und verfahren Sie genauso. Arbeiten Sie die Konturen der Klinge mit einem Messer, Stecheisen oder einem in eine Bohrmaschine gespannten Fräser heraus. Halten Sie dabei die Spitze des konischen Fräsers nach innen, damit Sie mit der Oberkante sauber an der Linie

Abb. 3 Stemmen Sie den Hohlraum für die Klinge in beiden Hälften aus

entlang fräsen können **(Abb. 1)**. Halten Sie Ihre Bohrmaschine fest, und spannen Sie Ihr Arbeitsstück gut fest! Eine biegsame Welle für die Bohrmaschine ermöglicht ein bequemes Arbeiten, es funktioniert aber auch gut mit einem Messer oder Stecheisen. Es geht darum, das Mark zu entfernen. Dazu müssen die Außenteile gut festgespannt werden, da ansonsten die Kanten leicht einreißen! Schleifen Sie die Innenflächen auf Sandpapier völlig plan, bürsten Sie sie ab, und verleimen Sie die Hälften mit Epoxyd-Kleber **(Abb. 4)**. Ist dieser ausgehärtet, bohren Sie ein Drainageloch senkrecht durch den Boden der Scheide **(siehe Abb. 1)**.

Damit die Hälften auch künftig fest zusammenhalten, müssen sie noch mit Kupferdraht von 1,5 mm Durchmesser vernietet werden. Bohren Sie dort, wo Sie Nieten anbringen wollen, Löcher durch beide Hälften **(Abb. 5)**. Die Niete brauchen Sie nur für den unteren Teil, da oben das Leder die Scheide zusammenhält.

Beachten Sie, daß die Niete nicht in den Innenraum der Scheide gesetzt, sondern nur im massiven Horn der Kanten befestigt werden. Stecken Sie ein Stück Draht in das Loch, und schneiden Sie es so ab, daß nur 1 mm übersteht **(Abb. 6)**. Vernieten Sie zuerst die Vorderseite. Wie man auch vorgeht, die ersten Niete gelingen am besten. Schlagen Sie vorsichtig mit einem Kugelhammer oder der Finne eines Hammers auf die Mitte des Drahts, wobei sie darauf achten müssen, daß das hintere Ende satt auf dem Schraubstock aufliegt **(Abb. 7)**. Im Notfall können Sie auch improvisieren. Ich habe schon auf einem Rohrende, der Kante eines Abwaschbeckens und auf einer Brechstange vernietet. Achten Sie darauf, daß Sie nicht auf die Hornoberfläche schlagen. Diese Beschädigungen lassen sich nicht mehr entfernen! Der Hornteil der Scheide ist nun weitgehend fertig.

Um den Lederköcher am Hornteil zu befestigen, gibt es verschiedene Möglichkeiten. Stecken Sie das Messer in die Scheide und zeichnen Sie unten die Stärke des Griffs an der Oberseite der Scheide mit Bleistift auf. Dann bearbeiten Sie die Scheide so, daß das obere Ende auf dieses Maß kommt. Beginnen Sie damit ein paar Zentimeter weiter unten. Dort schließen Sie den Übergang mit einer Kehle ab, die mit einer Rundfeile hergestellt wird. Lassen Sie an einer Stelle soviel Material übrig, daß Sie dort einen runden oder vierkantigen »Knopf« machen können, an dem das Leder mit einem genauso großen Loch eingehängt werden kann **(siehe Abb. 2, links)**. Wenn Sie es

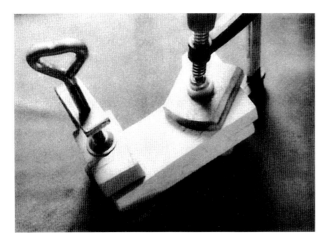

Abb. 4 Verleimen Sie unter Druck die beiden Hälften

Abb. 5 Machen Sie vorsichtig ein Loch für die Niete

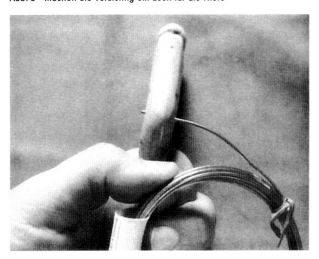

Abb. 6 Führen Sie 1,5 mm starken Kupferdraht durch das Loch

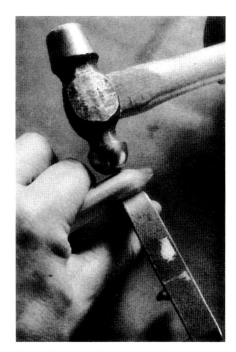

Abb. 7 Vernieten Sie den Draht auf einer harten Unterlage

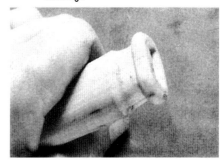

Abb. 8 Machen Sie eine Nut im oberen Teil der Holz- oder Hornscheide

Abb. 9 Ungewöhnlich geformter »Knopf«

sich leichter machen wollen, nehmen Sie einen Niet, der später in einem Loch festgeklebt wird. Für noch bessere Festigkeit und besseres Aussehen feilen Sie am besten eine Nut unterhalb des »Knopfes«, aber nur auf der Vorderseite und an den Seiten. Eine weitere Methode ist es, oben einen Wulst zu lassen, um den das Leder später greifen kann. Aber er darf höchstens 5 mm dick sein. Hier können Sie auf den »Knopf« verzichten, wenn Sie wollen **(Abb. 8 und 9 auf Seite 67).**

Das beste Aussehen erreichen Sie mit mehreren Nuten, vielleicht zwei bis drei, die dann sowohl den »Knopf« als auch den Wulst überflüssig machen. Diese werden dann so tief eingearbeitet, wie das Leder dick ist. Auch diese werden nur auf der Vorderseite und an den Seiten angebracht. Schauen Sie sich Bilder von lappländischen Messern an, und Sie werden viele elegante Lösungen finden.

Zum Schluß muß der Hornteil poliert werden. Nehmen Sie sich Zeit, um diese Arbeit gründlich zu erledigen. Das Horn soll glänzen und schimmern und völlig frei von Riefen sein.

Unterteil aus Holz

Die Scheide fertigen Sie nach derselben Methode wie die Hornscheide her, nur daß Sie es hier mit Holzhälften zu tun haben **(Abb. 3 auf Seite 66).** Ich mache die Aussparung für das Messer immer mit dem Stecheisen und schneide die Konturen der Klinge mit einem scharfen Messer ein. Auch hier können Nuten, »Knöpfe« oder Wülste angelegt werden, um dem Leder Halt zu geben. Die Holzscheide erhält die gleiche Oberflächenbehandlung wie der Holzgriff.

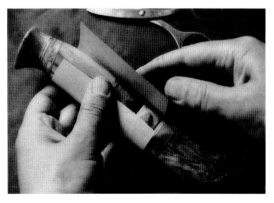

Abb. 10   Stellen Sie mit einem Blatt Papier fest, wieviel Leder Sie brauchen

Oberteil aus Leder

Jetzt muß nur noch das Oberteil aus Leder angefertigt werden. Hierfür nehmen Sie lappländisches Messerleder oder speziell gegerbtes Rindsleder. Messen Sie, wie hoch die Lederhülse gehen soll, und benutzen dazu ein Stück Papier **(Abb. 10).** Bei einem Sami-Messer reicht sie bis auf drei bis vier Zentimeter an das Ende des Messers, vorausgesetzt, daß der Griff keine zu stark bauchige Form hat.

Beachten Sie auch, daß das Leder rund um den Griff reicht und mindestens 3 cm auf jeder Seite übersteht, wenn Sie es zusammengedrückt haben. Weichen Sie das Lederstück ungefähr eine Stunde ein. Biegen Sie es hin und her, damit es geschmeidig wird. Schärfen Sie das Leder an den Ecken dünner, nehmen Sie dazu ein scharfes Messer oder einen Lederhobel. So läßt es sich leichter von der Rückseite vernähen **(siehe Abb. 11).**

Stecken Sie das Messer in die Scheide. Wickeln Sie zwei bis drei Lagen dünnes Papier um den Griff – aber nicht mehr. Obenauf kommt eine Schicht Plastikfolie. Dadurch wird die Lederhülse nicht zu eng. Legen Sie die gerade geschnittene untere Kante des Leders über die Nut **(Abb. 12).** Beachten Sie, daß Sie dann noch ein Loch für den »Knopf« machen müssen. Drücken Sie das Leder auf der Rückseite zusammen und spannen es dabei. Nähen Sie mit einer Sehne oder Pechschnur von unten nach oben **(Abb. 13).** Machen Sie eine feste Naht mit engen Stichen, und halten Sie das Leder die ganze Zeit über gespannt, während Sie Ihre Arbeit nach oben hin fortsetzen **(Abb. 14).** Halten Sie die Naht so nah am Griff wie möglich, und ziehen Sie den Faden ordentlich fest. Ganz oben führen Sie die Naht mit einer Öse zurück und verknoten dort die Enden des Fadens **(Abb. 15).** Schneiden Sie das überstehende Leder mit einem scharfen Messer ab, und zwar 2 bis 3 mm außerhalb der Naht. Danach bringen Sie das Loch für die Halteschlaufe an.

Drücken Sie das Leder in die Nute ein. Nehmen Sie dazu den Rücken eines Messers, und massieren damit das Leder in die Nut hinein. Sie können aber auch um jede Nut eine Schnur strammziehen, die Sie erst wieder entfernen, wenn das Leder getrocknet ist. Wenn Sie wollen, können Sie die Vorderseite des Lederteils beispielsweise mit dem Rücken eines Messers verzieren. Wollen Sie noch mehr anbringen, müssen Sie es jetzt tun. Beachten Sie den Abschnitt über die Verzierungen auf Seite 74.

Lassen Sie das Leder bei Zimmertemperatur trocknen, aber nicht auf einem Heizkörper oder ähnlichem. Einige Tage reichen im allgemeinen vollkommen aus. Halten Sie die Scheide an Ihre Wange. Wenn sie sich kalt anfühlt, ist sie immer noch feucht. Ziehen Sie dann das Messer heraus, nehmen Sie Papier und Plastik ab, und lassen Sie die Scheide noch einige Tage trocknen. Wenig später können Sie die Paßform prüfen. Da das Leder ein Naturprodukt ist, das sich unterschiedlich verhalten kann, ist es schwer vorherzusagen, wie viele Lagen Papier man zwischenlegen muß. Das müssen Sie selber ausprobieren. Wenn die Paßform nicht beim ersten Mal gelingt, können Sie die Lederhülse wieder naß machen und etwas erweitern oder enger zusammenziehen. Die Lederriemen, an denen Sie das Messer später tragen, stellen Sie nach einer Methode her, die Sie im Abschnitt über Halteschlaufen auf Seite 72 finden können. Wenn alles gut gegangen ist, können Sie die Scheide auf der Rückseite signieren und stolz auf Ihr Werk sein.

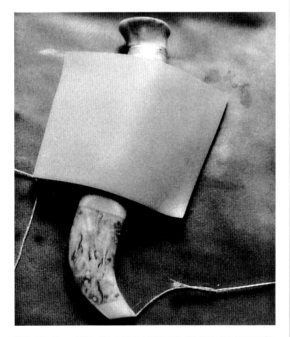

Abb. 11   Schärfen Sie das Leder mit einem scharfen Messer an den Kanten dünner

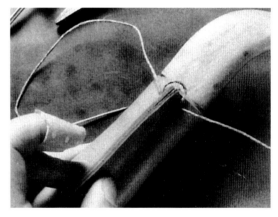

Abb. 13   Beginnen Sie ganz unten mit der Naht

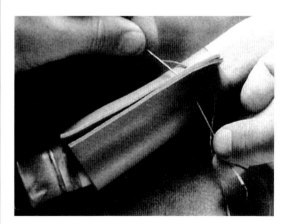

Abb. 14   Sie arbeiten von unten nach oben. Die zwei Nadeln werden aus entgegengesetzter Richtung durch dasselbe Loch geführt

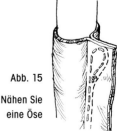

Abb. 15   Nähen Sie eine Öse

Abb. 12   Legen Sie das nasse Leder um die Nut des Unterteils

Scheiden aus Holz

Wenn es Ihnen gelingt, ein schönes Holzstück zu beschaffen, das ausreichend lang ist – ca. 20 cm –, können Sie eine Scheide ganz aus Holz anfertigen. Am besten sollten Messer und Scheide aus der gleichen Holzart sein. Wichtig ist auch, daß das Holzstück stark genug ist, da der ganze Griff Platz in der Scheide haben soll. Die Scheide wird aus Hälften gemacht, wie schon bei den vorher gezeigten Modellen. Wenn Sie die Scheide in der Seitenansicht aufzeichnen, denken Sie daran, daß genügend Holz da sein muß, um den Griff aufzuneh-

men. So haben Sie genügend Material, falls etwas falsch laufen sollte. Der Hohlraum für Klinge und Griff wird – wie schon vorher gezeigt – mit Messer, Stecheisen und eventuell mit einem runden Bildhauerstecheisen angefertigt **(siehe Seite 59).** Letzteres eignet sich hervorragend für den Hohlraum für den Griff. Auf beiden Seiten muß ein schmaler Schlitz offenbleiben. So kann das Oberteil sich dem Griff federnd anpassen, wenn er in die Scheide gesteckt wird **(Abb. 1, links).** Hier müssen Sie besonders sorgfältig arbeiten. Überprüfen Sie oft den Sitz, und nehmen Sie jedesmal nur wenig Material weg. Das obere Ende des federnden Teils soll den Griff festklemmen, nachdem seine dickste Partie hineingesteckt ist. Vergessen Sie nicht, das Abflußloch am Boden der Scheide. Es sollte mindestens 3 mm Durchmesser haben.

Wie bei der Scheide in der Kombination von Holz und Leder können Sie die Hälften miteinander vernieten. In diesem Fall lassen sich auch Holzdübel anstelle von Metall verwenden. Wollen Sie solche verwenden, bestimmen Sie zuerst, welchen Durchmesser sie haben sollen, sagen wir in diesem Fall 3 mm. Bohren Sie die Löcher an der entsprechenden Stelle der Scheidenkanten mit einem 3-mm-Bohrer. Die Dübel schnitzen Sie aus Hartholz, beispielsweise Birke. Machen Sie diese leicht konisch, d. h., sie werden in der Längsrichtung dünner. Sie sollten 3 bis 4 mm Durchmesser besitzen. Danach nehmen Sie ein Holzstück von ungefähr 1 cm Stärke aus sehr hartem Holz. Bohren Sie ein Loch mit dem 3-mm-Bohrer durch das Holzstück. Stecken Sie einen Ihrer konischen Dübel in das Loch und treiben Sie ihn hinein. Benutzen Sie dazu einen runden Dorn oder ähnliches, und schlagen Sie mit dem Hammer darauf. Diesen Dübel treiben Sie gleich anschließend in sein Loch in der Scheide. Schnell dehnen sich die Dübel entsprechend ihrer vorherigen Stärke von 4 mm wieder aus und sitzen sehr fest.

Die Außenseite der Scheide können Sie völlig frei gestalten. Sie haben eine ziemlich große Oberfläche zu bearbeiten, so daß Sie sie nicht einfach glatt lassen müssen. Lassen Sie Ihrer Schaffensfreude und Phantasie völlig freien Lauf.

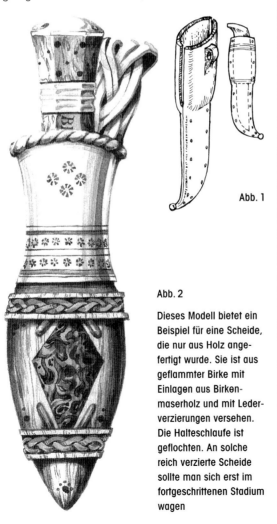

Abb. 1

Abb. 2

Dieses Modell bietet ein Beispiel für eine Scheide, die nur aus Holz angefertigt wurde. Sie ist aus geflammter Birke mit Einlagen aus Birkenmaserholz und mit Lederverzierungen versehen. Die Halteschlaufe ist geflochten. An solche reich verzierte Scheide sollte man sich erst im fortgeschrittenen Stadium wagen

Einfache Scheiden

Falls Ihnen die vorher beschriebenen Messerscheiden zu schwierig erscheinen, finden Sie hier einige Modelle, die für den Anfang besser geeignet sind.

Scheide für Messer mit Handschutz

Messer mit Handschutz brauchen besonders geformte Scheiden **(siehe Seite 56).** Zeichnen Sie eine Papierschablone passend zu Ihrem Messer und schneiden diese aus. Nach der Schablone schneiden Sie das Leder zu. Falten Sie das Unterteil zusammen und markieren Sie die Löcher für die Niete **(Abb. 1).** Machen Sie die Löcher mit einem Locheisen oder einer Lochzange. Schneiden Sie Schlitze in der Breite Ihres Gürtels in das Oberteil. Ein zwei Millimeter großes Loch an den Enden der Schlitze verhindert, daß die Schlitze mit der Zeit aufreißen **(siehe Abb. 1).** Schneiden Sie einen Lederriemen von ausreichender Länge zu, damit er um den Griff paßt. Vernieten Sie den Riemen auf der Mitte des Oberteils und stellen Sie mit Ihrem Messer fest, wo der Druckknopf angebracht werden soll. Die Außenkanten vernähen Sie mit doppelter Sattlernaht. Dann vernieten Sie die Scheide in den bereits vorbereiteten Löchern.

Ich habe hier nur das Prinzip in aller Einfachheit erklärt. Sie können das Modell ganz nach Belieben verändern. Probieren Sie aber erst mit einem Papiermodell aus, ob es funktioniert.

Scheide für Messer ohne Handschutz

Benutzen Sie auch hier eine Papierschablone, die an die Maße Ihres Messers angepaßt ist. Das Modell können Sie nach Belieben verändern. Um die Scheide auf **Abb. 2** zu machen, vernähen Sie diese, vernieten, verzieren und weichen sie ein. Danach drücken Sie das mit Leinöl behandelte Messer in die Scheide. Dort bleibt es, bis das Leder trocken ist. So erhalten Sie eine Scheide mit perfekter Paßform. Haben Sie Schwierigkeiten damit, die Naht optisch ansprechend zu gestalten, können sie die Kanten mit Riemchen verschnüren. Sie nehmen einen 3 mm breiten Lederriemen aus einem Stück, mit dem Sie die Kanten verschnüren. Die Löcher machen Sie mit einem Locheisen oder mit einem Riemchenmeissel (Spezialwerkzeug für Lederarbeiten, **siehe auch Seite 18).** In **Abb. 3** sehen Sie zwei Arten der Verschnürung.

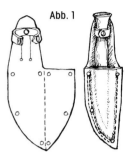

Abb. 1

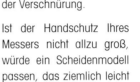

Ist der Handschutz Ihres Messers nicht allzu groß, würde ein Scheidenmodell passen, das ziemlich leicht anzufertigen ist. Sie vernähen die Scheide mit einer Doppelnaht und vernieten die Kanten an drei Stellen **(Abb. 2).** Die Öffnung sollte etwas enger sein als bei der oben beschriebenen Vernietung. So kann man den Handschutz gut einführen. Er ruht auf dem zweiten Niet und hat trotzdem genügend Platz, um in der Scheide bewegt zu werden. Probieren Sie mit Ihrem eigenen Messer aus, wo Sie die Niete am besten plazieren.

Denken Sie daran, daß Leder sich mit der Zeit etwas weitet, deshalb macht es nichts, wenn das Messer am Anfang etwas stramm sitzt. Vergessen Sie nicht, einen Klingenschutz aus Kunststoff in die Scheide zu stecken, Sie können aber auch einen aus Holz anfertigen.

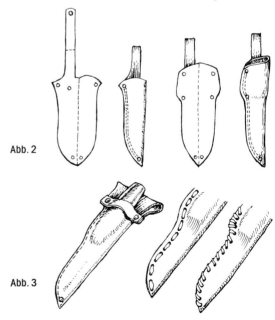

Abb. 2

Abb. 3

Halteschlaufen

In **Abb. 1** sehen Sie verschiedene Arten von Befestigungsmöglichkeiten für Halteschlaufen. Ich kann keinen allgemein gültigen Rat geben, welche die beste ist. Es hängt weitgehend von der Gewohnheit oder den persönlichen Wünschen ab. Einige mögen ein locker hängendes Messer, andere möchten es lieber fester sitzend tragen.

Die Halteschlaufen vom Typ A und G ergeben ein sehr bewegliches Messer. Der Vorteil ist, daß es niemals stört, ganz gleich wie man sich dreht und wendet. Der Nachteil ist, daß das Messer manchmal nicht einfach zu greifen und nicht leicht mit einer Hand herauszuziehen ist, weil es fest in der Scheide sitzt.

Wenn Sie noch Zweifel haben, bedenken Sie folgendes: Sami-Messer sind fast immer mit einer Halteschlaufe vom Typ A versehen. Es gibt wohl wenige, die das Messer mehr als Arbeitsgerät benutzen als die Sami. Jahrhunderte hindurch haben diese Messer an einer verdrillten Kordel aus Rentierhaut gehangen. Gäbe es eine bessere Lösung, hätte sich diese gewiß durchgesetzt, denn die Sami haben vermutlich alle Möglichkeiten versucht. Eine Halteschlaufe, die aus zwei Lederriemen gedreht wurde und deren Knoten verleimt ist, sollte sich nicht auflösen. Wenn man ein Messer verliert, liegt das wohl eher daran, daß man das aus der Scheide genommene Messer verlegt hat, als daß eine Lederschlaufe riß.

Mir selbst gefällt eine Halteschlaufe vom Typ **A** ausgezeichnet. Das Messer rutscht beim Hinsetzen zur Seite weg. Trotzdem verrutscht es nicht so leicht am Gürtel. Im übrigen bin ich davon überzeugt, daß ein Messer, das man mit einer Hand ziehen kann, zu lose in der Scheide sitzt – gefährlich lose! So leicht sollte kein Messer zu ziehen sein. Hier stimmt die Paßform zwischen Scheide und Messer nicht. Bei keiner der Schlaufentypen in **Abb. 1** läßt sich das Messer mit einer Hand ziehen. Die einzige Möglichkeit ist, am Unterteil einen Riemen um den Oberschenkel zu spannen. Nur dann ist es möglich, das Messer mit einer Hand zu ziehen.

Die Halteschlaufen **B** und **C** sind ebenfalls weit verbreitet. Der Typ **C** ist der stabilste unter den ersten drei. **D** hat einen Haken mit einem Karabinerverschluß, wodurch man das Messer vom Gürtel nehmen kann. **E** ist ungefähr genauso stabil und stark wie **C**. Dadurch, daß die Naht auf der Rückseite etwas versetzt wurde, erhält man eine breite Befestigungsmöglichkeit für eine wirklich kräftige Halteschlaufe.

Typ **F** kommt ganz ohne Metallteile aus. Wurde die Schlaufe exakt an den ledernen Befestigungshaken angepaßt – ohne Spiel und Zwischenräume –, wird sie sehr sicher halten **(Abb. 2)**. Ich mache diese Befestigung nur aus kräftigem pflanzlich gegerbtem Leder. **G** ist ein einfacher, aber effektiver und kräftiger Typ, wenn er richtig ver-

Abb. 1

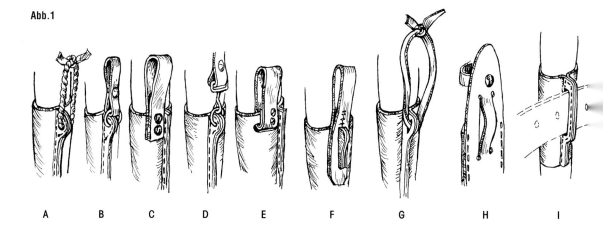

A   B   C   D   E   F   G   H   I

knotet wurde (siehe auf Seite 61 wie es gemacht wird). Modell **H** wird meist bei Gürtelfutteralen für Klappmesser und dem sogenannten »Scout-Messer« verwendet. Die Scheide liegt höher als bei allen anderen Modellen, bewegt sich kaum und ist etwas weniger im Weg. Nachteile sind meiner Meinung nach, daß das Messer etwas zu weit oben sitzt, wenn man es aus der Scheide ziehen will, und daß diese dazu neigt, in der Mitte zu knicken. Selbiges ist beim Gürtelfutteral für Klappmesser der Fall. Weil beide aus steifem Leder und unbeweglich sind, drückt der Gürtel im Kreuz, wenn man sich setzt. Die letzte Scheide vom Typ **I**, die mit einem Schlitz in der Breite Ihres Gürtels befestigt wird, ist unbeweglich.

Am besten probieren Sie die verschiedenen Typen aus. Sie werden bald Ihren persönlichen Favoriten finden. Eine vorsichtige Empfehlung will ich hier geben: Typ **A** oder **G**. Wenn Sie geschickt sind, können Sie eine Schnalle an die Schlaufe montieren und dadurch die Länge regulieren.

Niete und Druckknöpfe

Manchmal braucht man Niete, um eine Halteschlaufe an der Scheide zu befestigen. Man nimmt Niete, die aus zwei Teilen bestehen, sogenannte doppelte Hohlniete. Es gibt sie in vielen verschiedenen Größen, hier eignen sich am besten $10{,}5 \times 10$-mm-Niete. Diese können Sie vernickelt, vermessingt oder eloxiert kaufen. Die beiden letzteren sind am besten gegen Rost geschützt. Sie fallen auch weniger auf, und ihre Farbe paßt gut zum Leder. Die beiden Nietteile werden auf einer Metallunterlage zusammengeschlagen. Am besten geht das auf einem sogenannten Dreifuß, aber wie bereits erwähnt eignen sich auch Schraubstock oder Brecheisen. Schlagen Sie mit dem Metallhammer in die Mitte des Nietkopfes. Halten

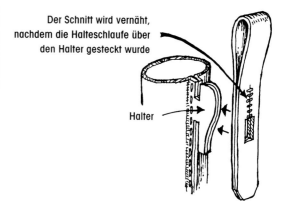

Der Schnitt wird vernäht, nachdem die Halteschlaufe über den Halter gesteckt wurde

Halter

Abb. 2 Detail von Halteschlaufe F

Sie alles sehr gut fest, damit sich die Teile nicht gegeneinander verschieben können. Das beste Resultat erzielen Sie mit einem speziellen Werkzeug, einer Art Stanze, die es für alle Nietgrößen gibt. Sie hat den Vorteil, daß die Nietköpfe nicht verformt werden und ist nicht allzu teuer.

Druckknöpfe für Messerscheiden müssen sehr kräftig sein. Bei hartem Leder muß man einen Druckknopf haben, der nicht schon bei der kleinsten Bewegung aufspringt, und das Messer womöglich herausfällt. Die Druckknöpfe bestehen aus vier Teilen, die in einer bestimmten Reihenfolge montiert werden. Dazu benötigt man spezielles Werkzeug. Spezielle Sortimentsverpackungen sind in Warenhäusern oder Eisenwarengeschäften erhältlich, das Werkzeug ist haltbar genug, um etliche Druckknöpfe zu montieren. Kaufen Sie ein solches Sortiment, brauchen Sie später nur noch nachfüllen. Auch für die Druckknöpfe benötigen Sie eine harte Unterlage zur Montage. Beachten Sie die Gebrauchsanweisung.

Verzierungen

Viele Messermacher wollen ihre Lederscheiden und -köcher verzieren **(Abb. 1)**. Dabei tut man leicht zuviel des Guten. Denken Sie daran, daß auch eine Lederoberfläche ganz ohne Verzierungen ästhetisch sehr wirkungsvoll sein kann. Besonders beim Verzieren von Horn- oder Holzteilen stört ein zu stark dekorierter Lederköcher den Gesamteindruck. Übertreiben Sie es nicht, damit das Endergebnis ausgewogen ist.

Sowohl pflanzlich gegerbtes Leder als auch rindengegerbte Rohhaut eignet sich für Dekor. Ersteres läßt sich am leichtesten formen und verzieren. Allerdings darf es zuvor nicht mit Lederfarbe oder Oberflächenversiegelung behandelt werden.

Pflanzlich gegerbtes Leder läßt sich tiefer prägen, und die Prägung tritt nach dem Trocknen deutlicher hervor. Solches Leder wird verziert, wenn die Scheide fertig zusammengenäht ist. Bringen Sie die Verzierungen vorsichtig mit dem Werkzeug an, solange das Leder noch feucht ist **(Abb. 1)**. Nach dem ersten Arbeitsgang ist noch nicht viel zu sehen. Nach ungefähr vier Stunden Trockenzeit wiederholen Sie die Arbeitsschritte und legen endgültig Linien und Verzierungen fest. Sie erhalten dadurch eine tiefe Prägung. Einige Stunden später machen Sie alles noch einmal, dann bleiben die Prägungen auch bei der abschließenden Trocknung erhalten. Bei lappländischem Messerleder müssen Sie die Verzierungen nicht gleich nach dem Zusammennähen aufbringen. Feuchten Sie tags darauf die Oberfläche an und fangen dann an.

Es gibt viele Möglichkeiten, Leder zu verzieren. Wenn Sie sich intensiv damit beschäftigen wollen, besorgen Sie ein Buch über das Lederhandwerk. Die Lederoberfläche läßt sich mit vielen Gegenständen prägen. Die Oberfläche von nassem Leder gleicht weichem feuchtem Lehm. Auf einer harten Unterlage kann man tiefer prägen. Etliche Haushaltsgegenstände sind geeignet: Nägel, Schrauben, leere Kugelschreiber, Stricknadeln, Gabeln, Metallsiebe, Schraubendreher usw. Sammeln Sie Erfahrungen an einem Lederrest.

Abb. 1

Eine Auswahl von teilweise selbst gemachten Werkzeugen zum Lederverzieren: Ein Nagelkopf läßt sich für das Prägen von Sternen zurechtfeilen. Knöpfe, Münzen und Medaillen sind gut, aber der Text erscheint spiegelverkehrt. Holzstempel kann man selbst anfertigen, beispielsweise mit Initialen. Kreise mit einem stumpfen Locheisen prägen. Lassen Sie Ihrer Phantasie freien Lauf, und erfinden Sie neue Werkzeuge

Viele Werkzeuge zum Lederverzieren können Sie selbst herstellen. Feilen Sie Muster in Nagelköpfe und machen Sie damit Abdrücke. Setzen Sie das Werkzeug an der richtigen Stelle an und geben Sie ihm einen leichten Schlag mit dem Klüpfel. Auch in das Hirnholz von Rundhölzern lassen sich Muster einschneiden. Feilen Sie Muster in das Ende einer Häkelnadel oder eines Plastikgriffes. Sägen Sie ein Geweihende ab und gestalten die glatte Oberfläche. Hier können Sie experimentieren – es gibt keine festen Regeln. Sie sollten nur keine teuren industriell hergestellten Punzen kaufen. Punzen sind Werkzeuge aus Metall oder Kunststoff, mit denen sich Abdrücke in Leder prägen lassen. Man bekommt aber nur eine Standardauswahl zu kaufen, Sterne, Blumen und verschiedene andere Symbole.

Nehmen Sie größere Gegenstände wie Münzen, Medaillen und Logotypen für Ihre Muster, müssen Sie diese mit einem Schraubstock ins Leder drücken. Legen Sie beispielsweise die Münze auf die eine Backe, darauf das Leder und eine Hartgummi- oder Holzplatte auf die andere. Ziehen Sie den Schraubstock ordentlich zu, und warten eine Weile. Das Leder muß feucht sein. Achtung: Texte und Ziffern kommen stets spiegelverkehrt.

Können Sie gut mit dem Messer schnitzen, schneiden Sie auf das Hirnholz eines Hartholzstückes Ihre Initialen oder eine Jahreszahl ein und prägen danach. Wie beim Druck müssen die Lettern erhaben sein. Vergessen Sie nicht, daß eine große Type vor dem Zusammennähen geprägt werden muß.

Eine Methode, von der ich nur abraten kann, ist das Einbrennen von Zeichen in das Leder. Dazu wird ein Lötkolben oder ein spezielles Gerät für die Leder- und Holzbrennerei benutzt. In beiden Fällen zerstört man damit die natürliche Oberfläche und die Arbeit sieht leicht aus wie ein Massenprodukt oder eine schlecht ausgeführte Bastelarbeit.

Einlegearbeiten

Vielleicht haben Sie irgendwo ein hübsches Messer mit Einlegearbeit gesehen und möchten Ihr eigenes Messer ebenso gestalten. Ich selbst habe keine große Erfahrung mit Intarsien, aber im Folgenden zeige ich Ihnen eine einfache Methode.

Einlegearbeiten können Sie sowohl in Holz als auch in Horn herstellen. Am einfachsten geht es bei glatten Ober-

Abb. 2 So wird die Riffelung mit einem Falzbein gemacht. Dieses hier ist im Eigenbau entstanden

flächen. Bei einer gekrümmten Oberfläche brauchen Sie wesentlich länger. Zeichnen Sie eine Schablone aus Pappe oder Papier in der Form, in der Sie die Intarsie haben wollen. Legen Sie die Schablone auf die vorgesehene Stelle. Reißen Sie die Form rund um die Kanten der Schablone an, um ihren Sitz überprüfen zu können und eine Vorstellung von der späteren Position der Intarsie zu haben. Fertigen Sie zuerst die Einlage. Bearbeiten Sie die Kanten des Stücks, bis sie plan sind. Sind die Kanten der Einlage gerade, halten Sie sie zum Beispiel auf eine Tischplatte, um ihre Ebenheit zu kontrollieren. Geben Sie bei Intarsien etwas Zugabe dazu, so daß noch Material zum Anpassen bleibt, ungefähr 2 mm. Legen Sie die fertige Einlage auf Ihr Werkstück und markieren darauf die endgültigen Konturen. Danach schneiden Sie längs der Markierung ein und entfernen das Holz dazwischen mit einem Stecheisen bis auf eine Tiefe von 1,5 mm. Prüfen Sie, ob das Stück perfekt bis in alle Ecken paßt. Spitze Enden sind am schwierigsten einzupassen – seien Sie dabei sehr sorgfältig. Wenn Sie die Kanten der Intarsie zur Unterseite hin leicht anfasen, lassen sie sich besser einfügen.

Danach verleimen Sie und pressen die Intarsie mit Zwingen fest ein, aber nicht so fest, daß sie reißt. Sie können die Intarsie auch mit Metall oder Holzdübeln sichern. Eine Messingschraube ist ebenfalls geeignet. Nach dem Trocknen steht die Intarsie ein wenig vor, weil sie etwas dicker ist. Schleifen Sie sie bis zum umgebenden Holz bündig herunter.

Sind Sie noch nicht sicher, aber wollen es trotzdem versuchen, machen Sie Ihren ersten Versuch an einem Probestück. Die Erfahrungen, die Sie dabei sammeln, sind später unersetzlich.

Abb. 3　Färben Sie die Kanten mit schwarzer Lederfarbe

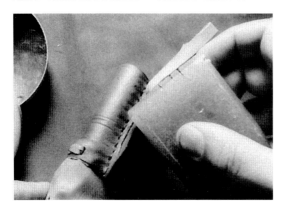

Abb. 4　Tragen Sie Bienenwachs auf

Abb. 5　Polieren Sie mit einem Falzbein oder einem ähnlichen Werkzeug

Das Färben

Das Färben von Leder ist ein Kapitel für sich, und Sie sollten eines der Standardwerke auf diesem Gebiet konsultieren.

Trotzdem möchte ich darauf hinweisen, wie wichtig es ist, alle Schnittkanten des Leders einzufärben. Manche Messermacher färben die Kanten ein, aber fast niemand behandelt sie mit Wachs. Alle Kanten können mit schwarzer Lederfarbe gefärbt werden **(Abb. 3)**. Am besten trägt man sie mit einem Stück Filz auf, das mit einer Wäscheklammer gehalten wird.

Um später eine harte, glänzende Oberfläche zu erhalten, reiben Sie die Kanten mit Polier- oder Bienenwachs ein **(Abb. 4)**. Anschließend nehmen Sie Lederfett. Zum Schluß polieren Sie alles. Die Kanten werden bearbeitet, bis sie hart und blank sind. Dazu benutzen Sie am besten ein sogenanntes Falzbein **(Abb. 5)**. Sie können auch ein flaches Holzstück mit einer sanft abgerundeten Kante, einen Kammrücken, den Griff einer Zahnbürste oder ähnliches verwenden. Es gibt sehr viele gute Ersatzmöglichkeiten für ein Falzbein, solange sie nur hart und glatt sind und das Leder nicht aufrauhen. Diese Arbeit braucht etwas Zeit, aber halten Sie durch, bis alle Faserreste verschwunden sind.

Pflege

Die Pflege von Griff und Scheide

Ihr Messer braucht nicht viel Pflege, wenn es einmal fertig ist. Aber einige Dinge sollten Sie doch beachten: Ab und zu muß man das Holz wieder mit Leinöl behandeln. Dadurch wird unter anderem das Risiko der Rißbildung vermindert. Hat die erste Ölbehandlung eine Woche lang getrocknet, sollte man in der nächsten Zeit am besten jeden Tag die Holzoberfläche mit Öl einreiben. Danach seltener, aber ungefähr eine Behandlung pro Monat wäre im ersten Jahr angemessen. Wischen Sie das Öl ab, das nicht aufgenommen wurde.

Scheidenleder enthält nach dem Gerben immer noch Reste von Gerbmitteln. Diese lassen Beschläge wie zum Beispiel Messingzwingen anlaufen. Die Gerbstoffe sind auch verantwortlich dafür, daß Klingen aus Kohlenstoffstahl schneller rosten. Daraus folgt, daß Sie Ihr Messer nach Gebrauch niemals in der Scheide lassen sollten. Waren Sie bei Regenwetter im Freien und Ihre Scheide ist feucht geworden, sollten Sie diese bei Zimmertemperatur trocknen lassen, bis sie fast trocken ist. Dann benutzen Sie ein Lederimprägnierungsmittel, wie man es auch für Stiefel verwendet. Beim nächsten Mal verträgt die Scheide Feuchtigkeit schon besser. Vergessen Sie nicht, Ihr Messer gründlich abzutrocknen, wenn Sie draußen waren. Gönnen Sie ihm etwas Fett oder Öl, und Sie werden sich lange an einem neuwertigen Messer erfreuen können.

Wollen Sie glänzendes Leder haben, können Sie gewöhnliche Schuhcreme benutzen. Schwarze Schuhcreme auf braunem Leder ergibt einen hübschen Farbton, der an antikes Leder erinnert. Helles pflanzlich gegerbtes Leder wird mit farbloser Schuhcreme behandelt. Warten Sie, bis die Scheide richtig trocken ist, bevor Sie ihr mit Schuhcreme zu Leibe rücken. Nachdem ich von Melkfett bis Sattelfett vieles ausprobiert habe, benutze ich selbst inzwischen nur noch Schuhcreme.

Schleifen und Abziehen

Erst das Schleifen und Abziehen machen Ihr Messer zu einem effektiven Werkzeug. Normalerweise müssen Sie nicht schleifen, weil Klingen in der Regel schon bei der Herstellung geschliffen werden. Nur wenn Ihre Schneide beschädigt oder das Messer alt und abgenutzt ist, müssen Sie neu schleifen. Auch wenn die Anschliff-Fase rund geworden ist, ist ein Neuschliff notwendig **(Abb. 1)**.

Traditionell hergestellte Klingen werden meist auf rotierenden Schleifsteinen geschärft, mit dem Nachteil, daß der runde Schleifstein eine mehr oder weniger hohle Fase erzeugt. Je größer der Schleifstein, desto weniger hohl wird die Fase. Eine hohle Fase führt zu geringerer Haltbarkeit und einer dünneren Schneide, was speziell bei härteren Stählen von Nachteil ist. Besonders beim »Trockenschliff« muß sehr sorgfältig verfahren werden, damit die Schneide nicht »anläuft«, wodurch sie ihre Härte teilweise oder ganz verliert.

Heute benutzen die meisten Fabriken Schleifbänder, die völlig plan schleifen und keine hohle Fase erzeugen. Die wenigsten von uns werden zu einem Schleifband Zugang haben, statt dessen wird man einen wassergekühlten Schleifstein verwenden. Heute sieht man die alten handgedrehten Steine nicht mehr oft, eigentlich schade. Sie waren gut geeignet für unsere Zwecke, ausreichend groß und sie liefen mit geringer Geschwindigkeit. Falls Sie sich einen Schleifstein zulegen wollen, kaufen Sie einen möglichst großen oder setzen Sie eine Annonce nach einem alten handgetriebenen Stein in die Zeitung. Die neuen motorbetriebenen Steine haben den Vorteil, daß man beim Schleifen ohne fremde Hilfe auskommt. Außerdem besitzen sie eine Schleiflehre, eine Halterung, die das Messer während des Schleifvorgangs in der exakten Lage für einen perfekten Anschliff hält.

Schleifen Sie in einem Zug auf jeder Seite eine gleichmäßige Fase. Wenn Sie das richtig gemacht haben, se-

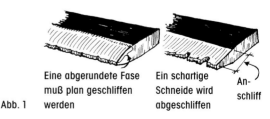

Eine abgerundete Fase muß plan geschliffen werden

Ein schartige Schneide wird abgeschliffen

Anschliff

Abb. 1

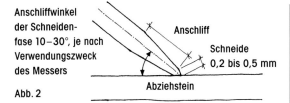

Anschliffwinkel der Schneiden-fase 10–30°, je nach Verwendungszweck des Messers

Anschliff

Schneide 0,2 bis 0,5 mm

Abziehstein

Abb. 2

hen Sie an der Schneide einen kleinen Grat. Dieser wird später beim Abziehen entfernt. Bei Schnitzmessern soll die Fase überall gleichmäßig plan sein. Die gesamte Fase legt sich an das Holz und erleichtert so das Schnitzen. Dieser Anschliff mit sehr kleinem Keilwinkel ist bei uns im hohen Norden eine uralte Methode. Sie eignet sich am besten für nicht zu hoch gehärtete Stähle. Schlimmstenfalls kann die Schneide bei starker Beanspruchung schneller stumpf werden.

Ein moderner, harter legierter Stahl ist empfindlicher. Starke Belastung kann dazu führen, daß kleine Stücke aus der Schneide brechen und das Messer schnell schartig und stumpf wird. Um es wieder zu schärfen, muß die Klinge mit einem bestimmten Anschliffwinkel geschliffen werden **(Abb. 2)**. Dieser kann zwischen zehn und dreißig Grad liegen, was von der Nutzungsart des Messers und der Stahlhärte abhängt. Mit einem kleinen Anschliffwinkel schneidet man gut in Holz und andere weiche Materialien. Wollen Sie härtere Materialien bearbeiten, ist diese Klinge zu schwach und verliert schnell an Schärfe. Für Jagdmesser muß ein größerer Anschliffwinkel benutzt werden. Ein großer Anschliffwinkel ergibt eine kräftige Schneide. Dies ist beim Schlachten wichtig, wobei das Messer in Kontakt mit Knochen und Knorpel kommt. Dasselbe gilt für die Arbeit an sehr hartem Holz. Mit einer solchen Schneide zu schnitzen ist allerdings beschwerlich. Man braucht viel Kraft, um Späne aus

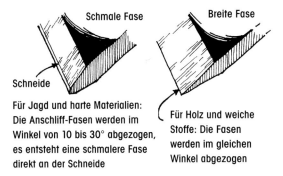

Schmale Fase

Breite Fase

Schneide

Für Jagd und harte Materialien: Die Anschliff-Fasen werden im Winkel von 10 bis 30° abgezogen, es entsteht eine schmalere Fase direkt an der Schneide

Für Holz und weiche Stoffe: Die Fasen werden im gleichen Winkel abgezogen

Abb. 3

dem Holz zu schneiden. Am besten legen Sie sich zwei unterschiedliche Messer zu, um verschiedene Arbeiten ausführen zu können. Andernfalls müßten Sie häufig umschleifen und abziehen. Beim Schleifen braucht man Kenntnisse und Übung. Besonders Übung macht in diesem Fall den Meister!

Das Abziehen funktioniert etwas anders. Dabei bearbeiten Sie nur die äußerste Kante der Schneide. Wie oft diese Arbeit notwendig wird, hängt von der Qualität der Klinge ab und davon, wie oft Sie sie nutzen.

Es gibt heutzutage eine große Anzahl unterschiedlicher Abziehsteine. Sie sind zum Teil aus Naturstein, aber auch künstlichen Stoffen hergestellt. In meiner Kindheit benutzten wir meistens Abziehsteine aus Sandstein oder Marmor. Der Nachteil war, daß diese Steine sich schnell abnutzten. Sie waren relativ weich und wurden vom Kohlenstoffstahl stark angegriffen. Bei modernem, hartem legiertem Stahl würden sich die meisten dieser Steine zu schnell abnutzen.

Außerdem gibt es heute Diamantschärfwerkzeuge, deren Oberfläche mit kleinen, industriell hergestellten Diamanten besetzt ist. Diese sind nach meiner Erfahrung die besten. Auch härtester Stahl läßt sich hiermit schnell abziehen. Zum Gebrauch werden sie mit ein wenig Wasser oder Petroleum befeuchtet, sie sind sehr haltbar.

Ein teurer, aber sehr guter Natur-Abziehstein ist der Arkansas-Stein. Er wird aus dem begehrten Novaculit hergestellt, der nur an einer Stelle auf der Erde, auf einem einzigen Berg in Arkansas existiert. Diese Steine gibt es in drei Körnungen und sie werden direkt aus dem Massiv geschnitten. Danach verarbeitet man sie zu verschiedenen Größen und Formen. Sie sind so robust, daß sie für ein ganzes Leben oder länger reichen. Die Steine scheinen leicht durch und haben unterschiedliche Farben: die mittlerer Körnung fleckig grau, die feinen weiß und die extra-feinen schwarz. Vergessen Sie nicht, ein dünnflüssiges Mineralöl zum Abziehen zu verwenden; niemals Nähmaschinenöl, das die Poren verschließt und den Stein seiner Effektivität beraubt. Ihr Abziehstein darf nicht trocken benutzt werden, und lassen Sie ihn nicht fallen, er zerbricht leicht. Einige dieser Steine sind in kleine Holzkästen-Blöcke eingelassen, mit ihnen kann man am leichtesten arbeiten. Sie spannen ihn dann einfach in eine Hobelbank, einen Schraubstock oder ähnliches. Es erleichtert die Arbeit ungemein, bei der Arbeit beide Hände frei zu haben.

Verteilen Sie eine dünne Schicht Schleiföl auf dem Stein und legen das Messer flach darauf. Wollen Sie ein Jagdmesser abziehen, sind 20 bis 30° der richtige Winkel **(Abb. 3)**. Wenn Sie den Rücken des Messers etwa 8 bis 12 mm anheben, erhalten Sie einen Winkel von 20 bis 30°. Bei 8 mm erhalten Sie ungefähr 20°, bei 12 mm ungefähr 30°. Als Anfänger sollten Sie eine Lehre benutzen, die mit dem Messer auf dem Stein hin- und hergeführt wird. Mit dieser Abziehhilfe erhalten Sie 23° **(siehe Abb. 7)**. Haben Sie erst einmal das Gefühl für den richtigen Winkel, können Sie ohne Hilfsmittel abziehen. Ist das Messer im richtigen Winkel, führen Sie es nach vorn und zurück über den Abziehstein, so, als würden Sie bei jedem Arbeitsgang etwas vom Stein abschneiden **(Abb. 4)**. Erledigen Sie diese Arbeit ohne Unterbrechung **(Abb. 5)**. Beginnen Sie mit dem hintersten Teil der Klinge und bewegen diese kreisförmig, so daß die gesamte Schneide geschärft wird. Sie werden schnell merken, daß der Abziehstein die richtige Länge haben muß. Nach 5 bis 6 Strichen wenden Sie das Messer um und bewegen es in die andere Richtung. Sie

behalten aber immer denselben Winkel bei **(Abb. 6)**. Drücken Sie am Anfang das Messer hart gegen den Stein. Jeweils nach dem Wenden des Messers vermindern Sie die Anzahl der Striche in jede Richtung und geben auch weniger Druck. Danach nehmen Sie einen Abziehstein feinerer Körnung und wiederholen alles. Das alles dauert, aber geben Sie nicht auf. Der Aufwand lohnt sich, das werden Sie spüren, wenn Sie das Messer benutzen. Anschließend waschen Sie den Abziehstein mit Spülmittel und lauwarmem Wasser ab.

Sie erhalten die Schärfe einer Rasierklinge, wenn Sie die Klinge auf einem Lederriemen oder einer Tageszeitung abziehen. Streichen Sie mit der Klinge 20- bis 30mal im gleichen Winkel rückwärts über das Leder. Dies wird »Abziehen auf Leder« genannt. Jetzt können Sie Ihr Messer endlich benutzen. Sollte das Messer mal längere Zeit unbenutzt liegen, ölen Sie die Klinge mit etwas Waffenöl ein.

Manchmal ist es praktisch, einen kleinen Abziehstein für die Tasche mit sich zu führen. Besonders Kohlenstoffstahl ist leicht nachzuschärfen. Führen Sie den Stein mit kleinen kreisförmigen Bewegungen über die Fase. Halten Sie die Schneide gegen das Licht, um den Schliff zu kontrollieren. Vergessen Sie nicht, den richtigen Fasenwinkel einzuhalten.

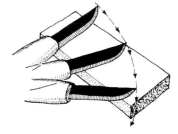

Abb. 5

Führen Sie das Messer in einem Durchgang vorwärts über den Stein

Abb. 4   Abziehen in einer Richtung ...

Abb. 6   ... und in die andere bei gleichem Fasenwinkel

Abb. 7   Eine Lehre hilft, den richtigen Winkel einzuhalten

Zwei praktische Accessoires

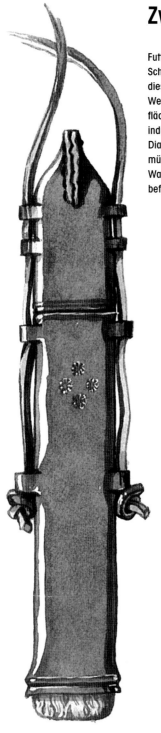

Futteral für ein Diamant-Schärfwerkzeug. Bei diesem sehr effektiven Werkzeug ist die Oberfläche mit kleinen, industriell gefertigten Diamanten besetzt. Sie müssen nur mit etwas Wasser oder Petroleum befeuchtet werden

Abb. 1

In diesem Kapitel will ich die Herstellung von zwei praktischen Accessoires beschreiben: ein Futteral für einen Taschen-Abziehstein und eins für ein Taschenmesser zum Klappen. Abziehstein und Taschenmesser nimmt man häufig mit hinaus in den Wald. Es ist schön, wenn sie griffbereit in einem Futteral liegen. Außerdem verliert man sie nicht so leicht. Betrachten Sie meine Modelle als Inspiration für eigene. Beide Futterale sind funktionstüchtig, leicht zu öffnen und zu schließen und ebenso leicht herzustellen. Alles, was man braucht, sind ein paar Abfallstücke von der Messerherstellung.

Ein Futteral für einen Taschen-Abziehstein

Das Futteral ist für ein sogenanntes Diamant-Schärfwerkzeug gedacht (**Abb. 1**). Dieses Werkzeug ist sehr effektiv, und Sie brauchen zudem nicht noch zusätzlich Öl zum Schleifen mitzunehmen. Deshalb ist es mein Favorit. Das Futteral ist aus rindengegerbtem Rohleder gemacht, das die Paßform behält und widerstandsfähig ist.

Stellen Sie zunächst ein Holzmodell in den Maßen Ihres Abziehwerkzeugs her. Geben Sie etwa 2 bis 3 mm in der Länge, Höhe und Breite hinzu. Messen Sie zunächst einmal mit Papier aus, wieviel Leder Sie benötigen, um das Futteral auf der Rückseite zu vernähen. Schneiden Sie das Leder zu und lassen Sie es mindestens 20 bis 30 Minuten in lauwarmem Wasser liegen. Biegen Sie danach das Leder um das Holzmodell und ziehen Sie es auf der Rückseite fest zusammen (**Abb. 3**).

Markieren Sie die Schlaufen für das Halsband in die Schmalseite. Machen Sie acht paarige, gut einen Zentimeter lange parallele Einschnitte an den sich gegenüberliegenden Schmalseiten (**siehe Abb. 3**). Das geht am einfachsten mit einem Stecheisen. Teilen Sie das Leder in ein Unter- und ein Oberteil ein (**Abb. 4**) und legen es noch einmal ins Wasser.

Fertigen Sie ein kleines Holzstück im richtigen Format für den Boden, und machen Sie eine Nute rund um die Oberkante entlang (**Abb. 5**). Umwickeln Sie das Holzmodell Ihres Abziehwerkzeugs mit einigen Schichten Kunststoffolie, sonst können Sie das Modell nicht mehr herausnehmen, wenn das Leder getrocknet und geschrumpft ist. Bereiten Sie zwei Sattlernadeln mit Pechschnur oder ähnlichem vor. Nehmen Sie das Leder für das Unterteil aus dem Wasser und biegen Sie es rund um das Holzmodell **(Abb. 6)**.

Die Rückseite vernähen Sie mit einer Sattlernaht. Pressen Sie das Leder mit dem Messerrücken in die Nut des hölzernen Bodenstücks vom Futteral **(Abb. 7)**. Danach ist das Oberteil an der Reihe **(Abb. 8)**. Schneiden Sie wie in **Abb. 9** gezeigt aus, biegen Sie es rund und nähen es zusammen. Sitzt alles an seiner richtigen Stelle, fertigen Sie die Schlaufen an. Dehnen Sie die Lederstreifen zwischen

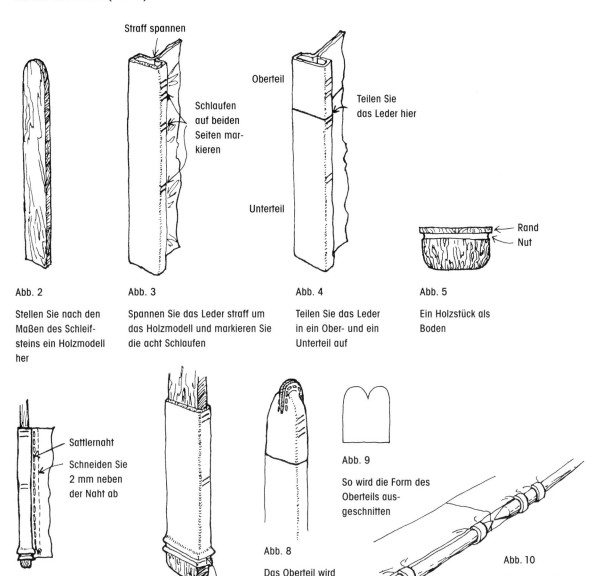

Abb. 2

Stellen Sie nach den Maßen des Schleifsteins ein Holzmodell her

Abb. 3

Spannen Sie das Leder straff um das Holzmodell und markieren Sie die acht Schlaufen

Abb. 4

Teilen Sie das Leder in ein Ober- und ein Unterteil auf

Abb. 5

Ein Holzstück als Boden

Abb. 6

Ziehen Sie mit der Naht das hölzerne Bodenstück und das lederne Unterteil fest zusammen

Abb. 7

Pressen Sie das Leder in die Nut

Abb. 8

Das Oberteil wird auf dem Modell vernäht

Abb. 9

So wird die Form des Oberteils ausgeschnitten

Abb. 10

Dehnen Sie die Schlaufen

den Einschnitten, indem Sie vorsichtig einen Gegenstand mit konischer Spitze durchführen. Nehmen Sie zum Beispiel eine gröbere Stricknadel oder den Griff eines Aquarellpinsels **(Abb. 10)**. Lassen Sie diese Gegenstände im Leder, bis es getrocknet ist.

Jetzt muß nur noch ein 1 m langer, 3 mm starker Riemen angeknotet werden, um das Futteral später am Hals tragen zu können. Das Oberteil kann an diesem Lederriemen hinauf- oder heruntergeschoben werden. Sollte es zu locker sitzen, müssen die Schlaufen für den Lederriemen nur wieder befeuchtet und zusammengedrückt werden. Auf diese Weise können Sie Futterale in allen Größen herstellen, die genau zu Ihrem Abziehwerkzeug oder anderen Utensilien passen.

Futteral für ein Taschenmesser

Kaum jemand will sein Taschenmesser einfach so in der Hosentasche herumtragen. Fast alle Taschenmesser ha-

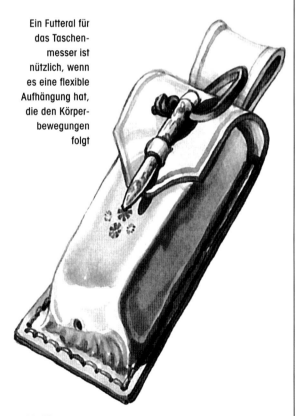

Ein Futteral für das Taschenmesser ist nützlich, wenn es eine flexible Aufhängung hat, die den Körperbewegungen folgt

Abb. 11

ben kantige Griffe, die Löcher reißen, auch sind sie oft zu groß. Es gibt industriell hergestellte Futterale, die aber selten genau zum eigenen Messer passen. Meiner Erfahrung nach ist außerdem häufig die Aufhängung zu steif. Dies, zusammen mit dem groben Leder, macht sie unbequem, sobald man sich setzt.

Mein eigenes Futteral hat eine flexible, weiche Aufhängung, die den Bewegungen des Körpers folgt und sich lautlos öffnen und verschließen läßt **(Abb. 11)**. Man bekommt das Messer leicht heraus und wieder hinein, ohne daß man hinsehen muß.

Nehmen Sie zuerst die Maße Ihres Messers. Machen Sie einen entsprechend großen Einschnitt in ein Material, das ungefähr so stark sein soll wie Ihr Messer, vielleicht ein Stück eines Bretts oder einer Spanplatte **(Abb. 12)**. Die Breite der Öffnung sollte das spätere Außenmaß des Futterals haben. Über den Einschnitt wird später ein passendes, eingeweichtes Lederstück gelegt. Dieses wird dann mit einem Holzklotz, der exakt die Form haben muß wie Ihr Taschenmesser, in den Einschnitt gepreßt **(Abb. 13)**.

Wie groß sollen Lederstück und Klotz sein? Wenn Sie 2 mm starkes Leder benutzen, sollte die Aussparung im Brett rundherum 2 mm größer sein als der Holzklotz, denn dann ist genügend Platz, um das Leder hineinzupressen. Die Länge hat keine größere Bedeutung, nur sollte sie ausreichend für Ihr Messer sein. Pressen Sie zunächst einen Bogen Papier hinein, damit Sie sehen können, wie groß das Lederstück sein muß. Geben Sie ausreichend Zugabe hinzu.

Weichen Sie das Leder ein und legen es mitten über die Aussparung, um anschließend das Leder mit dem Klotz einzudrücken **(Abb. 14)**. Beginnen Sie innen und drücken nach außen. Nehmen Sie sich die Zeit, bis das Leder seine neue Form erhält. Dehnen Sie kräftig! Ist der Klotz ganz drin, drücken Sie die hochstehenden Lederkanten flach auf das Brett.

Lassen Sie alles einige Tage unter Druck, bis das Leder getrocknet ist. Schon nach einigen Tagen können Sie den Klotz wegnehmen, so daß das Leder fertig trocknet. Das Futteral behält jetzt schon seine Form.

Sie müssen nun nur noch die Rückwand aufnähen, die nach vorn hin einen Verschluß bilden soll **(Abb. 15)**. Machen Sie eine Schlaufe in das Leder, damit später ein Holzstab als Verschluß durchgeschoben werden kann

(Abb. 16). Fertigen Sie eine Gürtellasche wie in **Abb. 17** gezeigt. Vernieten oder vernähen Sie diese auf der Rückseite **(Abb. 18)**. Bringen Sie einen kleinen Leder- riemen an, um daran den hölzernen Verschlußriegel zu befestigen. Machen Sie ein großes Belüftungsloch in den Boden. Zuletzt bringen Sie vorn oder an den Seiten Aussparungen an, um das Messer leichter herausneh- men zu können.

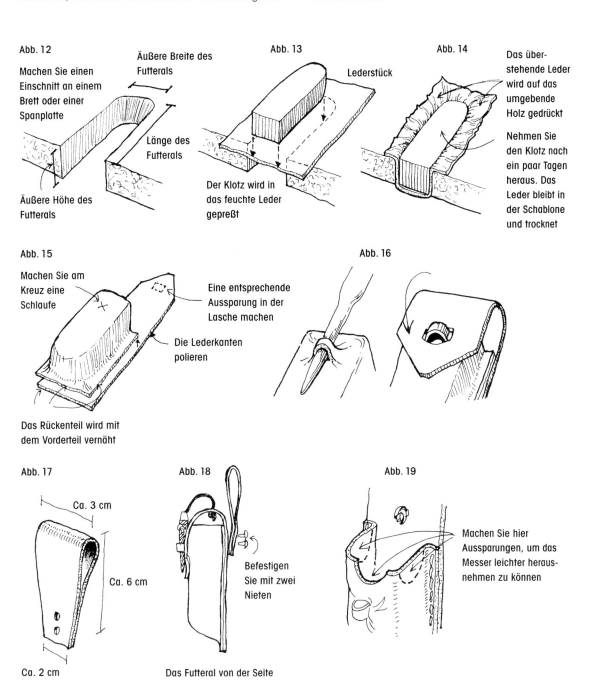

Abb. 12

Machen Sie einen Einschnitt an einem Brett oder einer Spanplatte

Äußere Breite des Futterals

Länge des Futterals

Äußere Höhe des Futterals

Abb. 13

Lederstück

Der Klotz wird in das feuchte Leder gepreßt

Abb. 14

Das über- stehende Leder wird auf das umgebende Holz gedrückt

Nehmen Sie den Klotz nach ein paar Tagen heraus. Das Leder bleibt in der Schablone und trocknet

Abb. 15

Machen Sie am Kreuz eine Schlaufe

Eine entsprechende Aussparung in der Lasche machen

Die Lederkanten polieren

Das Rückenteil wird mit dem Vorderteil vernäht

Abb. 16

Abb. 17

Ca. 3 cm

Ca. 6 cm

Ca. 2 cm

Schlaufe für den Gürtel

Abb. 18

Befestigen Sie mit zwei Nieten

Das Futteral von der Seite

Abb. 19

Machen Sie hier Aussparungen, um das Messer leichter heraus- nehmen zu können

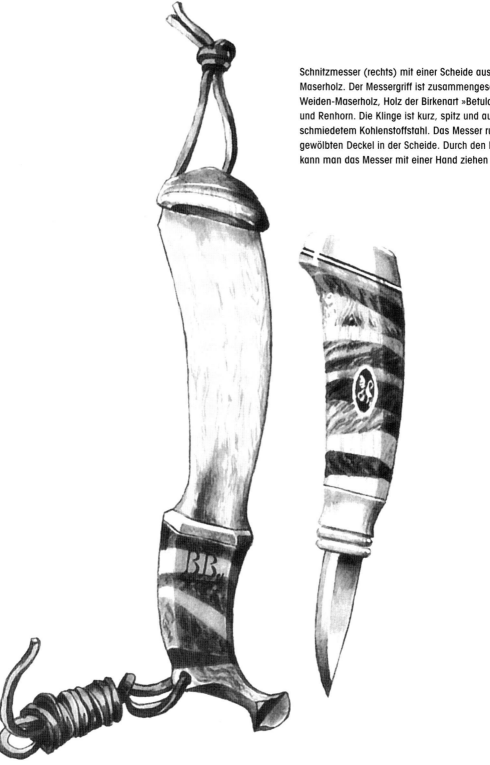

Schnitzmesser (rechts) mit einer Scheide aus Birken-Maserholz. Der Messergriff ist zusammengesetzt aus Weiden-Maserholz, Holz der Birkenart »Betula pubescens« und Renhorn. Die Klinge ist kurz, spitz und aus handge-schmiedetem Kohlenstoffstahl. Das Messer ruht unter dem gewölbten Deckel in der Scheide. Durch den Beinriemen kann man das Messer mit einer Hand ziehen

Klassisches Universalmesser

Dies ist ein klassisches Messer mit einem leicht bauchigen, walzenförmigen Griff. Ich finde diese schlichte Form gerade für Schnitz- und andere Holzarbeiten ideal. Wie man den Griff auch anfaßt, er liegt immer gut in der Hand; das Messer läßt sich leicht handhaben, wenden und drehen.

An beiden Enden des Griffs sind verschiedene Teile aus Metall, Leder, Horn oder Rinde zusammengefügt. Ich verwende sie gerade dort, um einen möglichst kräftigen und haltbaren Griff zu bekommen. Außerdem entsteht auf diese Weise ein Eindruck, den sonst nur Messer mit Zwingen bieten. Dadurch daß die Enden aus unterschiedlichem Material bestehen, sehen sie wie graviert aus. Die symmetrische Gestaltung der Endstücke macht das Messer harmonisch. Die Enden rahmen sozusagen das Mittelstück aus Birkenmaserholz ein (siehe auch die Farbabbildung auf der hinteren Umschlagseite innen).

Ich habe mich für Birkenmaserholz entschieden, das man für die schönsten Messer dieser Art benutzt. Es ist eine harte und widerstandsfähige Holzart, deren Oberfläche durch Schleifen und Polieren einen besonderen Glanz erhält. Da der Griff später gleichmäßigen Hochglanz haben soll, habe ich ein Stück mit sehr dichter Maserung ausgewählt, das nicht zu viele »Katzenaugen« hat. Obwohl es eigentlich ein Gebrauchsmesser ist, steckt sehr viel Arbeit in diesem Messer. Trotz aller Erfahrung, die in der Materialauswahl für das Mittelstück steckt – ein Risiko bleibt immer. Bevor das Messer nicht fertig ist, weiß man nicht, ob es gelungen ist. Entspricht das Ergebnis nicht den Erwartungen, bleibt nichts anderes übrig, als wieder von vorn zu beginnen und zu hoffen, daß es besser klappt.

Aber gerade das macht den Reiz am Messermachen aus, die Ungewißheiten und Überraschungen. Manchmal habe ich das Gefühl, daß alles passiert ist, was passieren kann, und doch bringt der nächste Tag wieder etwas Unvorhergesehenes. Obwohl ich schon lange Messer mache, lerne ich immer noch bei jedem Modell dazu. Wie gut ich mich durch alle Schwierigkeiten manövriert habe, möchte ich dem Urteil des Lesers überlassen. Ich werde Ihnen lediglich schildern, welche Probleme, Wünsche und Hoffnungen ich bei jedem Messer hatte, und Sie können selbst beurteilen, ob und wie gut es mir gelungen ist.

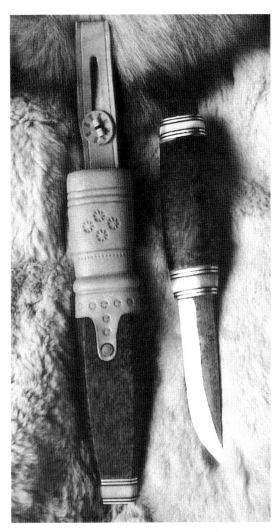

Ein schlichtes Allzweck-Messer mit leicht gebauchtem Griff aus Birken-Maserknolle. Es sind die Enden aus Metall, Leder, Horn und Birkenrinde, die dem Aussehen die besondere Note verleihen. Die Scheide besteht ebenfalls aus Birken-Maserknolle, das Oberteil aus Leder. Die Prägungen wurden mit Modelliereisen und selbstgemachten Stempeln aufgebracht.

Das Messer

Zuerst betrachtet man die Angel. Die ideale Angel ist an der Klinge am stärksten und verjüngt sich nach hinten. Bei handgeschmiedeten Klingen ist die Form der Angel recht unterschiedlich. Sie ist meist dort am stärksten, wo die Angel an die Klinge geschweißt wurde, um dann zum Ende hin schmaler zu werden. Bei diesem speziellen Messer kann dies problematisch sein. Für mich ist es wichtig, eine genaue Paßform zwischen der vordersten Metallplatte und der Angel zu erhalten. Wenn die Passung exakt ist, darf sich die Metallplatte nicht nach oben und unten oder seitlich bewegen lassen. An dieser Stelle ist die Beanspruchung des Messers am stärksten.

Weist Ihre Klinge dort eine Schweißnaht auf, feilen Sie sie so weit wie möglich mit den angrenzenden Flächen bündig **(Abb. 1)**. Ganz vorn an der Angel läßt sich der gehärtete Stahl schlecht feilen. Aber es gelingt meist, die Schweißnaht auf das Maß der Klingenstärke zu bringen. Die Metallplatte muß so dicht wie möglich an die Klinge anschließen. Um einen rechtwinkligen Durchbruch in der Metallplatte zu erhalten, bohren Sie zwei Löcher, deren Durchmesser etwas geringer als die Stärke der Angel ist. Das verbleibende Metall zwischen beiden Löchern wird mit der Säge entfernt. Erweitern Sie nach und nach den Durchbruch mit der Feile. Dabei ist es notwendig, die Paßform immer wieder zu überprüfen **(siehe Abb. 2)**.

Jetzt müssen die anschließenden Teile eine vergleichbare Paßform erhalten. Sie liegen bei diesem Messer in dieser Reihenfolge: Metall, Leder, Metall, Leder, Horn, Leder, Metall, Leder, Metall. Am Griffmittelstück aus Holz sitzt auf beiden Seiten Rinde. Sowohl das Leder als auch die Rinde sind nur 0,5 mm stark. Normalerweise könn-

Abb. 1   Geben Sie der Angel mit der Feile die richtige Form

ten Sie alle diese Teile verleimen. Da es aber Probleme mit der Verbindung von Holz und Rinde geben könnte, lassen Sie das Leimen erst einmal bleiben.

Sie sollten aber bereits entschieden haben, welches Verbindungsmittel Sie verwenden werden. Ich habe hier Holzleim genommen. Bei so vielen Einzelteilen wäre es unmöglich gewesen, Epoxydkleber zusammenzumischen, die Teile damit zu bestreichen und zusammenzufügen, ehe der Kleber aushärtet, da er dafür nur um die fünf Minuten braucht. Also habe ich mit dem Zusammenleimen gewartet, bis sämtliche Teile zueinander paßten. Anderenfalls würde das Kleben und Zusammenfügen eine ganze Woche beanspruchen **(siehe Abb. 3)**.

Als nächstes schneiden Sie das Zwischenstück aus Holz zu. Die Enden des Holzstücks werden völlig plan geschliffen. Prüfen Sie mit einem Meßschieber, ob das Maß rundum gleich ist. Jetzt ist der Durchbruch im Mittelstück an der Reihe. Die Angel muß genau im Zentrum der Stirnseiten ein- bzw. austreten. Gelingt dieses nicht, wird die Verbindung zur Zwischenlage aus Birkenrinde schwach und es gibt Spiel. Dann müßte man ein neues Stück zuschneiden und von vorn beginnen. Wie üblich werden zwei Löcher von jeder Seite gebohrt, so daß sich die vier Bohrungen in der Mitte treffen. Sie sollten sich sehr konzentrieren. Halten Sie die Hände beim Bohren ganz ruhig und vertrauen Sie auf die Erfahrungen, die Sie bisher gemacht haben. Auch hier wird jetzt das verbliebene Holz zwischen den beiden jetzt durchgehenden Bohrungen mit der Säge entfernt. Danach müssen Sie dem Durchbruch mit der Feile die richtige Form geben. Vor dem Bohren ist es hilfreich, so viele Hilfslinien wie möglich auf allen Seiten zu ziehen **(siehe Abb. 4)**

Die Einzelteile am Ende des Griffs werden genauso zusammengestellt, nur in umgekehrter Reihenfolge. Langsam schreitet die Arbeit an den rechtwinkligen Durchbrüchen in den Einzelteilen für das hintere Ende fort. Reißen Sie den Mittelpunkt auf jedem Teil an und zeichnen von dort Höhe und Breite der Angel auf. Genau wie am vorderen Ende werden in jedes Einzelteil zwei Löcher gebohrt und das verbliebene Material zwischen den Löchern entfernt. Falls die Angel sich nach hinten verjüngt, müssen auch die Durchbrüche entsprechend angepaßt werden. Am Ende erhält man eine ansehnliche Anzahl von Bauteilen **(Abb. 5)**.

Schieben Sie alle Teile in der richtigen Reihenfolge auf die Angel und drücken sie zusammen. Jetzt kann man die Länge der Angel bestimmen und sie eventuell auf die richtige Länge kürzen. Um eine Nietscheibe aufsetzen zu können, braucht man ungefähr 5 mm Überstand. Nicht selten muß die Angel dem Loch in der Nietscheibe angepaßt werden. Ziehen Sie nun alle Teile wieder von der Angel ab und feilen deren Ende so zurecht, bis es die passende runde Form erhält.

Hat die Nietscheibe ihren richtigen Sitz, darf die Angel nur ungefähr 1,5 mm daraus hervorstehen. Anderenfalls würde ein zu großer Nietkopf entstehen. Man sollte darauf achten, daß die Vernietung sowohl gut aussieht als auch haltbar ist.

Jetzt können Sie die Teile verleimen **(Abb. 6 auf Seite 88)**. Durch den Leim zwischen den Einzelteilen wird der Griff etwas länger. Deshalb geben Sie bei der Angel ungefähr einen halben Millimeter zu, um besser vernieten zu können. Bei der Verleimung bin ich einen Kompromiß eingegangen. Alle Teile bis auf die letzten sechs verleime ich mit Holzleim. Für die letzten sechs benutze ich Epoxydkleber. Dafür reicht gerade die Zeit. So erhält man größere Haltbarkeit, weil diese Teile auf dem schwächsten Teil der Angel sitzen. Als zusätzliche Verstärkung bohren Sie ein Loch von 4 mm Durchmesser für einen Holzdübel aus Eiche von hinten in den Griff. Auf diese Weise verhindern Sie, daß sich die Einzelteile auf der Angel drehen.

Wie bereits gesagt, hat man nur vier bis fünf Minuten Zeit, bis der Epoxydkleber aushärtet (das gilt jedoch nur für den von mir verwendeten Kleber, es gibt auch solche mit längerer Aushärtungszeit). Alle Teile müssen genau passen, keins darf klemmen. Auch die Nietscheibe muß zur Hand sein, deshalb befestige ich sie mit Klebeband. Gehen Sie zügig an den Schraubstock und spannen die Klinge ein, die Sie durch Beilagen aus Holz geschützt haben. Anschließend müssen Sie in ein paar Minuten das Ende der Angel mit dem Kugelhammer vernieten. Langsam beginnt sich der Niet über der Scheibe auszubreiten und den ganzen Griff zusammenzuziehen. Haben Sie richtig gemessen und die Angel lang genug gelassen? Jetzt gibt es kein Zurück mehr. Mißglückt die Vernietung, so mißglückt auch das Messer. Drehen Sie an den Teilen des Griffs, ob sie wirklich festsitzen. Wie steht es mit dem Kleber? Prüfen Sie, ob die Aushärtung beginnt.

Die letzten Hammerschläge, höchste Anspannung und Konzentration, dann ist plötzlich alles fertig. Sie können nun nichts mehr ändern. Das Teil bleibt, wie es zusam-

Abb. 2   Die Angel muß exakt im ersten Metallstück sitzen

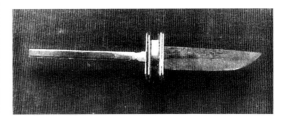

Abb. 3   Die vorderen Bauteile sind am richtigen Platz

Abb. 4   Das große Stück für die Mitte des Griffs mit Hilfslinien

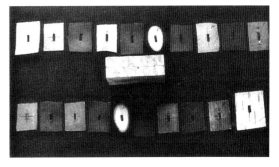

Abb. 5   Die Griffteile, bevor sie auf die Angel geschoben werden

Abb. 6   Der Griff ist verleimt und vernietet

mengefügt wurde. Jetzt muß er trocknen und einige Tage ruhen, um seine endgültige Festigkeit zu erhalten.

Aus diesem noch recht unförmigen Klotz soll später der Griff geformt werden. Die genauen Maße für das Messer liegen bereits vor. Um sie auf den Griff übertragen zu können, muß er zuerst geglättet werden. Sind die Seiten grob geformt, können Sie die Schablone auf den Griff übertragen und dann die ersten zwei Seiten bearbeiten. Ich nehme dazu eine kleine Laubsäge, ein besseres Werkzeug habe ich bisher noch nicht gefunden **(Abb. 7)**.

Abb. 7   Der Griff wird mit der Säge geformt

Das Sägeblatt arbeitet sich nur sehr langsam durch die verschiedenen Werkstoffe. Besonders bei den Metall- und Hornpartien wird es Ihnen vorkommen, als würden Sie überhaupt nicht vorankommen. An einer Seite des Griffs sägen Sie unter Umständen bis zu einer Stunde, und es gibt noch drei weitere Seiten!

Es ist schwer, sich so lange auf das Sägen zu konzentrieren. Hände und Rücken schmerzen bei der unbequemen Arbeitshaltung. Zwischendurch muß man sich immer wieder strecken. Gegen Ende habe ich nur fünf Minuten ohne Pause geschafft!

Anschließend wird es Zeit für Raspel und Feile **(Abb. 8)**. Mit der Raspel werden die grob vorgeformten Seiten der endgültigen Form angenähert. Ist die Raspel bis zu den aufgezeichneten Linien vorgedrungen, wird sie durch eine feiner arbeitende Feile ersetzt **(Abb. 9)**. Zum Schluß ist ein vierkantiges Griffstück entstanden, dessen Außenkonturen ungefähr den Seitenrissen des Messers folgen.

Als nächstes runden Sie alle kantigen Ecken. Bei einem Messer, das derart viele verschiedene Materialien enthält, ist dies eine zeitraubende Prozedur. Zunächst muß man die Kanten abarbeiten, um die richtige Rundung zu erzielen. Ich beginne damit, an den Kanten des Holzteils zu schnitzen. Das Holz ist sehr hart, und die Fasern laufen bei diesem Holz wild durcheinander. Man darf mit dem Messer nur sehr kleine Späne abheben und muß ständig die Richtung des Messers wechseln. Geht ein Schnitt nur etwas zu tief und die Klinge reißt eine grobe Faser heraus, kann diese Beschädigung so tief sein, daß man sie nicht mehr entfernen kann.

Um die Kanten der Horn- und Metallendstücke zu entfernen, benötigt man eine Feile. Auch hier wird die Arbeit angesichts der harten Werkstoffe zur Geduldsprobe. Nach meiner Erfahrung dauert es fast eine halbe Stunde pro Kante. Trotzdem sollten Sie durchhalten.

Nach Stunden wird allmählich die Form deutlicher und einem Messer ähnlich. Doch wie wird die Farbe des weißen Horns herauskommen? Gibt es Fugen an den Metallteilen? Gibt es lose Teile? Prüfen Sie mit dem Meßschieber, ob alle Seiten die gleichen Abmessungen haben und der Griff gerade ist.

Vermutlich wird alles gelingen, wenn Sie sorgfältig arbeiten und Ihnen nicht doch noch ein Fehler unterläuft. Jetzt entsteht das Gefühl, bald den Lohn für all die Mühe zu bekommen. Die langen ermüdenden Stunden sind vorbei. Jetzt beginnen die erfreulicheren Arbeiten. Erst kontrollieren Sie, ob Klinge und Griff im richtigen Winkel zueinander stehen. Sie schauen bei der Klingenspitze beginnend von oben über Klinge und Griff, die eine gerade Linie bilden müssen. Am Griff befindet sich nicht mehr genügend Material für eine Korrektur, deshalb sollte man diese Kontrolle von Zeit zu Zeit während der gesamten Formgebung vornehmen.

Behandeln Sie jetzt den Griff mit Schleifpapier **(Abb. 10)**. Nehmen Sie grobes, dann feines und sehr feines Schleifpapier, anschließend Stahlwolle. Verfahren Sie weiter in der Art, die ich weiter vorn beschrieben habe **(siehe Seite 32)**. Benutzen Sie Ihre Leinölmischung, polieren und wachsen Sie Ihr Messer.

Abb. 8

Die Scheide

Die Scheide für dieses Messer wird ebenfalls aus Birkenmaserholz hergestellt. Ihr Aussehen soll mit dem des Messers harmonieren. Deshalb ist es sehr wichtig, ein Holzstück zu finden, das zum Griff paßt. Es sollte so aussehen, als wären Messer und Scheide aus dem gleichen Stück Holz gemacht.

Um nicht zu stark von der Form abzuweichen, müssen Sie eine genaue Zeichnung machen. Die Zeichnung hat den Maßstab 1:1, so daß man sie auch als Schablone benutzen kann. Das untere Ende der Scheide soll als Abschluß dieselbe Reihe von Werkstoffen erhalten wie die Enden des Griffes. Aber da die Scheide keine Angel besitzt, an der man die Teile befestigen kann, könnte die sichere Befestigung von Horn- und Metallteilen problematisch werden. Verbinden Sie sie mit kräftigem Epoxydkleber und sichern sie mit zwei längeren Schrauben. Bedenken Sie, daß das untere Ende der Scheide später häufigen Stößen ausgesetzt ist.

Abb. 9 Der Griff wird zurecht gefeilt

Die Scheide wird ziemlich rund, genau wie der Griff. Deshalb braucht man ein entsprechend großes Stück Holz. Das lederne Oberteil der Scheide soll an der Vorderseite das hölzerne Unterteil überlappen, zum einen als Dekoration, aber auch um zusätzlichen Halt zu geben. Diese Verlängerung wird wie eine Intarsie eingelassen.

Als erstes teile ich das Holzstück für die Scheide der Länge nach in Hälften. Das schönste Stück soll auf die Vorderseite kommen. An beiden Hälften müssen nun die Aussparungen für die Klinge herausgearbeitet werden **(Abb. 11 auf Seite 90)**.

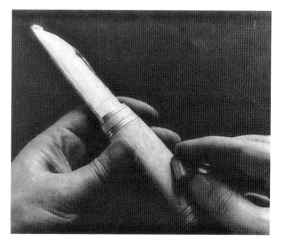

Abb. 10 Die Seiten werden geschliffen

Abb. 11   Die Aussparung für die Klinge wird mit dem Stecheisen herausgearbeitet

Wenn Sie die Größe der Klinge auf dem Holzstück anreißen, müssen Sie Spielraum für die Klinge zugeben. Anderenfalls bekommen Sie Schwierigkeiten, wenn Sie das Messer in die Scheide stecken wollen.

Schneiden Sie die Konturen der Aussparungen mit einem scharfen Messer ein und stechen anschließend das Holz mit einem Stecheisen aus. Haben Sie ein sehr verwachsenes Maserholzstück ausgesucht, müssen Sie schrittweise vorgehen, bis Sie die richtige Tiefe erreicht haben. Um ebene Flächen in einem Holz zu erhalten, das sehr verwachsen ist, braucht man Geduld und sehr scharfes Werkzeug.

Sind beide Aussparungen fertig, müssen die zu verleimenden Flächen der Holzhälften völlig plan geschliffen

Abb. 12   Die beiden Hälften der Scheide verleimt man unter Druck miteinander

werden. Prüfen Sie den Schliff, denn Ungenauigkeiten äußern sich unweigerlich in Ritzen. Es ist schwierig, einen sauberen, fast unsichtbaren Stoß zu erhalten. Ideal ist eine fertige Scheide, die so aussieht wie aus einem einzigen Stück hergestellt. Trennen Sie das Holzstück mit einem so dünnen Sägeblatt wie möglich, sonst paßt die Holzmaserung der beiden Teile später nicht zueinander.

Verleimen Sie beide Hälften miteinander **(Abb. 12)**. Vorher prüfen Sie, ob die Klinge leichtgängig in die Scheide paßt. Ich markiere auch die Stelle, wo das Abflußloch unten in die Scheide gebohrt werden soll. Bevor die mit Leim versehenen Hälften zusammengedrückt werden, muß man darauf achten, daß die Spitzen der Aussparungen exakt zueinander passen. Drücken Sie die Teile mit ständig wachsendem Druck zusammen, bis der Leim anzieht. Ich halte die Teile dann zusammen, so fest ich kann, bis ich sie nach einigen Minuten mit Schraubzwingen zusammenziehe. Es besteht nämlich das Risiko, daß sich die beiden Hälften gegeneinander verschieben, wenn der Leim noch flüssig ist. Nehmen Sie so viele Zwingen wie möglich, um eine fast unsichtbare Stoßstelle zu erhalten. Legen Sie das Arbeitsstück beiseite und lassen es einige Tage trocknen. Leim, der in den Hohlraum für die Klinge gedrungen ist, entfernen Sie mit einem langen dünnen Bohrer. Besser wäre es allerdings, ihn gleich nach dem Spannen mit Draht und saugfähigem Papier herauszufischen, solange er noch flüssig ist.

Ist die Verleimung getrocknet, wird das Werkstück auf seine Außenform gebracht. Auch hier ist es wie bei der Klinge wichtig, daß Sie eine Zeichnung haben. Diese sollte so sorgfältig wie möglich gemacht werden. Zuerst schleifen Sie das untere Ende der Scheide plan, wo die Metall-Horn-Kombination befestigt werden soll.

Stellen Sie diese Kombination zuerst separat her, alle Bauteile haben die Größe von ungefähr 30×30 mm. Kleben Sie sie mit Epoxydkleber zusammen. Er sollte einige Tage trocknen, um optimale Haltekraft entfalten zu können.

Es reicht nicht, dieses Stück direkt auf das untere Ende der Scheide zu leimen. Diese Verbindung wäre zu schwach. Hier gibt es keine Angel für die Befestigung. Nehmen Sie zwei Messingschrauben, die durch das ganze Stück gehen und unten in der Scheide Halt finden **(Abb. 13)**. Achten Sie darauf, daß dort mindestens 10 mm massives Holz zum Verschrauben zur Verfügung sind. Die Schrauben und die Kontaktflächen der Verbindung werden mit Epoxydkleber befestigt. Lassen Sie alles ein paar Tage trocknen.

Wie beim Griff müssen auch bei der Scheide zuerst die groben Konturen ausgesägt werden. Arbeiten Sie sich von unten nach oben vor. Wenn alles fertig ist, nehmen Sie Raspel, Messer und Feile. Bevor Sie Schleifpapier verschiedener Körnung einsetzen, stellen Sie zunächst die grobe Form des Teils her, an dem die Lederhülse sitzen soll. Hier muß das Holz zurückgesetzt werden, und zwar in der Tiefe, wie das Leder dick ist **(Abb. 14)**. Holz und Lederoberflächen liegen auf derselben Ebene. Ganz oben an der Holzscheide machen Sie eine Art Flansch, um den das Leder gezogen wird, um Halt zu finden. Hier muß man sehr vorsichtig an die Arbeit gehen, da die Stärke des Holzes nicht viel Spiel läßt. Die Wände dürfen nicht zu dünn werden, aber auch nicht zu stark, da dies einen zu starken Kontrast zwischen Messer und Scheide verursacht. Das Leder der Hülse ist dann schwieriger in Form zu bringen.

Ist alles fertig, bearbeiten Sie die Scheide in gleicher Weise wie den Messergriff mit Schleifpapier verschiedener Körnung. Sind Sie bei der 180er Körnung angelangt, unterbrechen Sie die Arbeit, um die Aussparung zu machen, in der an der Vorderseite die lederne Zunge passen soll. Zeichnen und schneiden Sie eine kleine Pappschablone zurecht und übertragen diese auf die Scheide **(Abb. 15)**. Die Arbeit mit dem Hobbymesser, dem Stecheisen muß sorgfältig sein. Die Aussparung wird so tief wie das Leder dick ist **(Abb. 16 auf Seite 92)**. Die Oberflächen behandeln Sie wie auf **Seite 32** beschrieben.

Abschließend wird nun die obere Lederhülse an ihrem Platz befestigt. Jetzt kommt die Pappschablone nochmals zum Einsatz, um ein passendes Lederstück zuzuschneiden **(Abb. 17 auf Seite 92)**. Da das Messer einen ovalen Griff hat, nehme ich kein Schuhleder oder lappländisches Leder. Es wäre kaum möglich, das Messer aus der Scheide zu ziehen, wenn das Leder trocken ist. Gut ist pflanzlich gegerbtes Leder, das sich besser dehnt. Auf der Rückseite wird mit einer Sattlernaht vernäht, wobei man ein »Öhr« anfertigt. Hier wird die Gürtelschlaufe mit einem D-Ring befestigt.

Haben Sie die Lederhülse Ihrer Scheide am vorgesehenen Platz befestigt, lassen Sie sie einige Stunden trocknen, bevor Sie verzieren und einfärben. Die Verzierungen werden immer vor dem Einfärben gemacht. Als letztes machen Sie die Gürtelschlaufe. Ich habe mich für den Typ entschieden, der auf der Rückseite des Messers mit einem D-Ring befestigt wird **(wie auf Seite 72 in Abb. B gezeigt)**.

Abb. 13 Holz und Horn werden am unteren Ende der Scheide verleimt und verschraubt

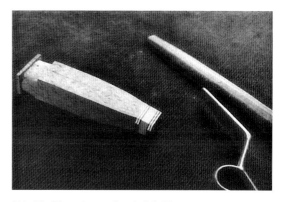

Abb. 14 Die grob vorgeformte Scheide

Abb. 15 Die Schablone wird auf die Scheide gelegt und umrissen

Abb. 16   Die Aussparung für das Leder ist fertig

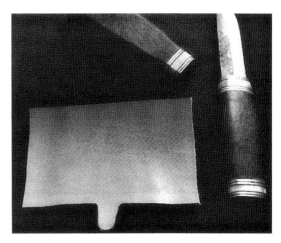

Abb. 17   Das Leder ist zugeschnitten

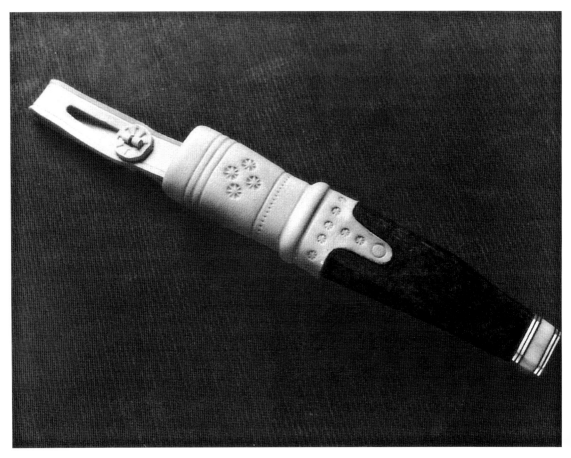

Abb. 18   Die Scheide mit Verzierungen und Halteschlaufe

Königliches Messer

Dies ist ein wuchtiges Messer, das stark von der Waffen- und Ornamentkunst der Wikinger beeinflußt ist. Trotz der aufwendigen Gestaltung ist es praktisch und leicht in der Handhabung. Die Klinge ist von Heimo Roselli in einem Stück geschmiedet, ihre Form macht das Messer vielseitig verwendbar. Die Scheide besteht aus Birkenmaserholz, Walnußholz und Horn vom Rentiergeweih. Die obere Lederhülse ist mit einem geflochtenen Lederband sowie mit geprägten Verzierungen versehen.

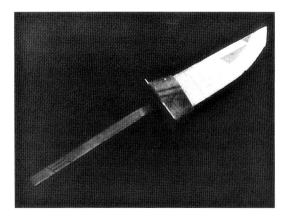

Abb. 1 Das vorderste Stück hat seinen Platz bekommen

Dieses Messer weist Einflüsse unterschiedlicher Vorbilder auf. Es sind darin Elemente aus Wald- und Jagdmessern sowie den Messern der Sami enthalten. Dadurch ist das Messer in seiner Verwendung enorm vielseitig. Auch die Waffen- und Zierkunst der Wikinger haben mich beim Entwurf beeinflußt. Daher die Runenschrift auf dem Hornstück am hinteren Ende des Messers und das Dreieck auf der Vorderseite der Scheide, ein Ewigkeitssymbol.

Die Wahl der Klinge war einfach, da ich ein schweres, kräftiges Messer haben wollte. Es mußte breit und massiv sein sowie eine Schneide mit großem Radius besitzen, damit es vom Holzschnitzen bis zum Häuten von Wildtieren verwendbar ist. Rosellis große Jagdmesserklinge oder einen vergleichbaren Stahl würden für beide geeignet sein. Trotz der Größe der Klinge läßt sich das Messer auch für feinere Arbeiten einsetzen, wenn man sich mit ihm eingearbeitet hat. Dieses hier ist mit ge-

Abb. 2 Der Griff ist bereit zum Vernieten

schnitztem Holz und Horn verziert. Ein farbige Abbildung finden Sie auf der Umschlagseite.

Bei der Scheide habe ich mit mehreren Möglichkeiten experimentiert, von solchen, die komplett aus Leder sind, bis zu solchen mit einem unteren Holzteil und einem oberen Teil aus Leder. Wie Sie sehen, hat sich die letztere Version durchgesetzt – sie bietet größere Möglichkeiten für eine markante Form mit kräftigeren und ausdrucksstärkeren Linien. Wie sich herausstellte, dauerte die Herstellung der Scheide sogar länger als die des eigentlichen Messers.

Glückliche Umstände haben es mir ermöglicht, eines der ersten Messer dieser Art König Carl Gustav schenken zu können. Trotz seiner Größe ist das Messer so etwas wie mein Lieblingsstück geworden, das ich tausendfach erprobt habe. Bis zum heutigen Tage habe ich damit keine Probleme gehabt.

Die Herstellung des Messers ist ziemlich aufwendig, deswegen ist es wichtig, bei der Wahl der Werkstoffe und der Klinge äußerste Sorgfalt walten zu lassen. Falls Sie ein paar Prachtstücke in Ihrer Sammlung haben, sollten Sie sie in diesem Messer verwenden. Halten Sie auch nach einer Klinge Ausschau, die keinen zu kleinen Radius an der Schneide aufweist. Sonst taugt das Messer nur zum Häuten.

Fangen Sie wie gewohnt an, indem Sie die Angel der Klinge genau inspizieren. Bei einer Roselli-Klinge bekommen Sie keine Probleme, da sie eine vollkommen runde, angeschweißte Angel besitzt. Bei handgeschmiedeten Klingen muß die Angel zuerst zurechtgefeilt werden, damit sie sich zum hinteren Ende hin stetig verjüngt. Als erstes muß das Geweihstück eingesetzt werden. Da das Messer über einen Fingerschutz verfügt, braucht man ein sehr großes Stück. Es kann schwierig werden, ein derart kräftiges Rentiergeweih zu finden, also kann man auf Elchgeweih zurückgreifen. Selbst bei starkem Rentiergeweih findet man häufig Mark. Dadurch werden Aussehen und Belastbarkeit des Stücks beeinträchtigt. Wie immer sollte man beim Anpassen des Vorderstücks **(Abb. 1)** sehr sorgfältig sein. Es muß beim Gebrauch sehr hohe Belastung aushalten können.

Danach kommt eine Metalleinlage und dann das große hölzerne Griffstück. Versuchen Sie die Teile so genau wie möglich einzupassen. Um sicher zu gehen, lasse ich die Einzelteile für den Griff zunächst unbearbeitet, damit ich genügend Spielraum habe. Überflüssiges läßt sich später noch entfernen. Obwohl das hintere Ende des Messers eine Hornplatte erhält, sollten Sie die Angel bereits in diesem Stadium vernieten **(Abb. 2)**.

Wie Sie in **Abb. 3** sehen können, sollten Sie die Angel am Ende mit einer Feile so formen, daß sie auf die Unterlegscheibe der Niete paßt. Kleben Sie alles mit Epoxydkleber zusammen und prüfen Sie nach, ob durch das Vernieten sich wirklich alles fest zusammenfügt. Wenn Sie alles richtig gemacht haben, sollte es unmöglich sein, die Teile gegeneinander zu verschieben. Ich verwende nie Holzleim, weil ich beim Auseinandernehmen älterer Messer dieser Art festgestellt habe, daß der Leim innerhalb des Griffes nie richtig getrocknet ist. Statt dessen hat der feuchte Leim zu schwerer Rostbildung an der Angel geführt. Beim Epoxydkleber besteht diese Gefahr nicht. Auch in einer säurefreien Umgebung härtet der Kleber aufgrund eines chemischen Prozesses völlig aus. Epoxydkleber füllt außerdem alle Hohlräume aus und verstärkt die Nahtstellen.

Die vernieteten Teile sollten einen Tag lang ruhen und aushärten. Machen Sie eine Pappschablone vom Messer, und übertragen Sie die Umrisse auf die Seite der vernieteten Teile. Die obere und die untere Seite des Griffes kann nun grob ausgesägt und anschließend mit einer Feile oder Raspel in die gewünschte Form gebracht werden. Darauf sollten die Mittellinien des Messers eingezeichnet werden, damit man feststellen kann, wie dick der Griff ist. Anschließend sägen Sie grob die anderen Seiten des Griffs zu. Machen Sie eine gewisse Zugabe, damit Fehler später noch ausgeglichen werden können **(siehe Abb. 4)**.

Anschließend raspeln und feilen Sie die verschiedenen Flächen weiter, bis der Griff seine optimale Form hat. Es ist hilfreich, wenn ein Vergleichsmodell vorhanden ist. Als nächstes arbeiten Sie die Kanten des jetzt noch eckigen Griffes mit einem Messer ab. Fangen Sie in der Mitte an und arbeiten Sie sich nach vorn und hinten zu den Enden vor. Das stark geschwungene Endstück muß herausgearbeitet werden. Skizzieren Sie die äußere Gestalt und arbeiten Sie daran mit Messer, Raspel und Feile. Zum Schluß formen Sie ihn so genau wie möglich mit Hilfe von Schleifpapier **(Abb. 5)**. Dies ist wichtig, denn sonst ist es unmöglich, das nach außen geschwungene Endstück herzustellen.

Machen Sie dieses Endstück mit einem sehr kurzen Übergang, damit der Griff gut in der Hand liegt. In der

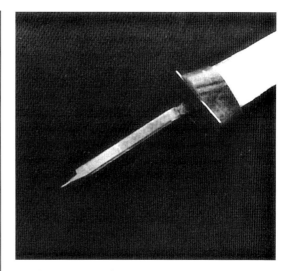

Abb. 3   Das zum Vernieten zurechtgefeilte Angelende

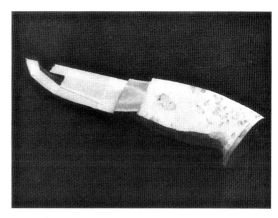

Abb. 4   Der grob zurechtgesägte Griff

Abb. 5   Der Griff, grob geschliffen und gefeilt

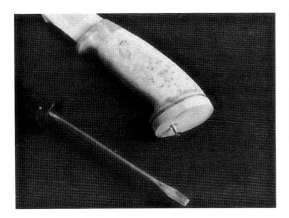

Abb. 6 Die Hornplatte wird fest angeschraubt

schiedene Korrekturen vorgenommen werden. Ist das Stück erst einmal auf beiden Seiten plan geschliffen, muß ein Hohlraum geschaffen werden, in dem die Unterlegscheibe des Niets Platz findet. Dazu verwende ich einen Bohrer, einen Versenker (Krauskopf) und ein Messer. Die Hornplatte muß auf das hintere Griffende geschraubt werden, damit sie richtig fest sitzt. Die Schrauben müssen soweit entfernt wie möglich von der Unterlegscheibe des Niets angebracht sein, damit sie Verdrehkräfte auffangen können. Danach sägen Sie die überstehenden Teile der Hornplatte so nah wie möglich um das Ende des Holzgriffs herum ab. Bevor die Platte endgültig angeklebt und angeschraubt wird, müssen sie und das Griffstück aus Holz so dicht wie möglich angepaßt sein **(Abb. 6)**. Dadurch soll die Belastung der Klebung reduziert werden. Wenn alles fertig ist, sollte man den Kleber einen Tag lang trocknen lassen.

gleichen Weise stellen Sie das vordere Ende mit dem Fingerschutz her. Formen Sie zuerst die äußeren Umrisse, um dann mit runden Feilen die hohlen Kurven des Fingerschutzes zu machen. Bearbeiten Sie das Holz soweit wie möglich mit dem Messer, um den gesamten Griff zu formen. Danach dürfte der Gebrauch einer Feile kaum noch nötig sein. Diese Methode bietet eine vorzügliche Kontrollmöglichkeit, denn man sieht immer, was mit dem Griff geschieht.

Ist das Endstück des Holzteiles fertig geformt, fangen Sie mit dem hinteren Hornstück an. Um ein massives Stück ohne Mark zu erhalten, nimmt man den Rosenstock eines Elchs **(Seite 12)**. Manchmal ist es schwierig, mit einer Handsäge ein gleichmäßig starkes Stück abzusägen. Also drehe ich das Werkstück immer wieder und säge zur Mitte hin von allen Seiten. Es ist trotzdem sehr schwierig. Nach dem Sägen müssen meist noch ver-

Anschließend schleifen Sie den ganzen Griff. Fangen Sie mit relativ grobem Schleifpapier an und gehen Sie langsam zu feinem Papier über. Nehmen Sie sich viel Zeit und arbeiten bei hellem Licht und mit einer gut verstellbaren Lichtquelle.

Nach dem Schleifen gravieren Sie das Hornstück am Rücken. Das Gravieren ist ein Kapitel für sich, es braucht eine fast tägliche Übung, und ich bin wahrlich kein Spezialist auf dem Gebiet. Ich zeige Ihnen deshalb eine einfache Methode, die leichter anzuwenden ist. Trotzdem ist das Gravieren auf hartem Elchhorn nicht gerade einfach. Es hilft, das Horn leicht anzufeuchten. Die Technik ist etwas heikel, da man gleichzeitig mit beiden Händen arbeiten muß. Nehmen Sie das Graviermesser in die rechten Hand, so daß nur der untere Teil der Messerspitze zwischen Daumen und Zeigefinger herausschaut **(Abb. 7)**. Graviermesser haben eine ziemlich scharfe Spitze. Halten Sie den Griff in der linken Hand und verwenden Sie den Daumen der linken Hand dazu, die Spitze des Messers nach vorne durch das Horn zu drücken, während die rechte Hand das Graviermesser in geraden oder Wellenlinien führt. Ab und zu begegnen Ihnen härtere Hornpartien, bei denen es nicht möglich ist, die Spitze nach vorne zu treiben. Da muß man mit ganz leicht wiegenden seitlichen Bewegungen vorgehen.

Gerade Linien werden in zwei Schritten gemacht. Zuerst schnitzt man geradeaus in einer Richtung. Dann wird das Werkstück gedreht und mit der Messerspitze eine parallele Linie zur ersten geschnitzt. Das Messer soll bei

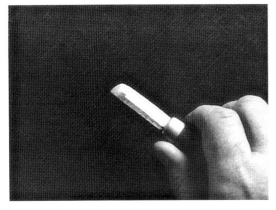

Abb. 7 So halten Sie das Graviermesser richtig

beiden Schnitten etwas schräg gehalten werden, damit sich der Hornstreifen zwischen den Linien löst. Hat man dies richtig gemacht, rollt sich der Streifen vor dem Messer auf. Drücken Sie nicht zu stark, sonst hinterläßt die Spitze Kratzer oder die Streifen werden zu dick. Um einen wunden Daumen zu vermeiden, bekleben Sie die Rückseite des Graviermessers mit mehreren Schichten Klebestreifen.

Skizzieren Sie mit einem Bleistift, was Sie auf die Oberfläche des Hornstückes eingravieren wollen **(Abb. 8)**. Diese Bleistiftzeichnung muß öfters erneuert werden, da sie leicht mit dem Finger weggewischt wird. Wichtig ist, daß Sie das Messer richtig führen. Die verschiedenen Stahlsorten eignen sich in unterschiedlicher Weise zum Schnitzen von Horn, manche allerdings gar nicht. Die Spitze des Graviermessers muß frisch geschärft worden sein. Zum Prüfen halten Sie die Spitze in einem Winkel von 45° gegen ihren Daumennagel. Sie sollte sofort fest am Nagel angreifen. Während des gesamten Vorgangs überprüfe ich ständig die Schärfe der Messerspitze und ziehe erneut ab, sobald sie etwas stumpf geworden zu sein scheint.

Sie können entweder das ganze Muster auf einmal gravieren oder dies schrittweise tun und jedes Teil danach einzeln färben. Letzteres bietet den Vorteil, Kontrolle über die eigene Arbeit zu haben. Zum Färben verwende ich ein feines Pulver aus Erlenrinde und Holzkohle. Vermischen Sie das Pulver mit Speichel. Auch Leinöl geht. Streichen Sie die Mischung über die Gravur und wischen Sie Überschüssiges mit einem Tuch ab. Wird das Hornstück nachgeschliffen, muß nachgefärbt werden.

Abb. 8 Machen Sie eine Bleistiftzeichnung auf den Messergriff

Ich empfehle, an geschliffenen Hornstücken zu üben, bevor Sie fertige Stücke zu gravieren beginnen. Ein kleiner Fehler oder eine falsche Gravierung kann nur wiedergutgemacht werden, indem man die ganze Hornfläche erneut schleift. Diesen Spielraum hat man beim fertigen Messer nicht.

Sind Sie mit der Gravur fertig, formen und polieren Sie das gewölbte Holzstück hinten am Griff. Nehmen Sie ein Stück Holz, das groß genug ist, um das ganze Ende zu überdecken, und zeichnen Sie den ovalen Umriß darauf. Diese gewölbte Kappe soll den gleichen Umriß nur in etwas verkleinertem Maßstab haben. Dies ist ein abgekürztes Verfahren, sonst braucht man mehrere Versuche, um das Stück passend zu formen.

Anschließend formen Sie Ihr Stück mit der Säge und bringen es in eine gewölbte Gestalt – erst mit dem

Abb. 9 Das fertige Messer

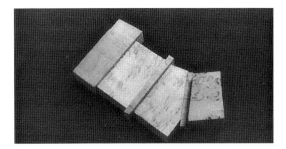

Abb. 10   Die Anfangsform der Scheide

Schleifklotz und dann mit Schleifpapier unterschiedlicher Körnungen. Das Stück muß genauso fein geschliffen sein wie das übrige Messer. Da es keinen starken Belastungen ausgesetzt sein wird, wird es mit Epoxydkleber angeklebt.

Das Messer ist jetzt im wesentlichen fertig. Was bleibt, ist die Feinarbeit: Wasserschliff mit Stahlwolle, das Füllen der Poren und zuletzt das Ölen **(siehe Abb. 9 auf Seite 97,** vgl. den Abschnitt über die Behandlung der Oberfläche auf **Seite 31).**

Die Scheide

Die Scheide macht etwas mehr Arbeit als das Messer. Genauso wie beim Messer sollten Sie nur hochwertige Werkstoffe verwenden. Die Vorderseite setzt sich aus verschiedenen Holzarten zusammen, die Rückseite besteht aus einem massiven Holzstück, um die Scheide so stabil wie möglich zu machen. Bei einer Vorder- und Rückseite aus mehreren Holzstücken würde ein erhöhtes Bruchrisiko bestehen.

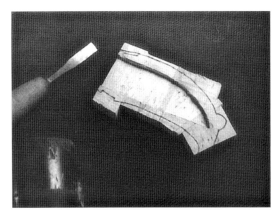

Abb. 11   Der Hohlraum für die Klinge ist fertig

Fangen Sie mit der Vorderseite an und stellen sie diese von oben an abwärts zusammen. Verwenden Sie eine Papierschablone als Vorlage für die gesamte Vorderseite. Damit läßt sich leicht überprüfen, ob die einzelnen Stücke groß genug sind. Oben nimmt man ein Stück gewöhnliches Birkenholz, das so groß sein muß, daß es in den ledernen Teil der Scheide reicht. Das nächste Stück besteht aus Birkenmaserholz. Die Berührungsflächen der beiden Teile müssen sorgfältigst geschliffen und dann mit Holzleim verbunden werden. Anschließend kommt ein dünnes Stück Birkenholz, dann wieder eines mit aus Maserholz, beides noch mal und zum Schluß ein Stück Horn, das jetzt noch nicht befestigt wird **(Abb. 10).** Die Stücke müssen dicht aneinander passen, sonst ergeben sich sichtbare Stöße. Verleimen Sie alle Stücke auf einer ebenen Unterlage, damit die Unterseite völlig plan wird.

Haben Sie die gesamte Vorderseite zusammengesetzt, drehen Sie das Werkstück um und zeichnen Sie den auszuhöhlenden Teil für die Klinge auf die Rückseite. Anschließend wird mit Messer und Stecheisen der Hohlraum für die Klinge herausgearbeitet **(Abb. 11).** Dies geht leichter, wenn das Werkstück viereckig ist, weil man es dann gut in die Werkbank einspannen kann.

Ist der Hohlraum für die Klinge fertig, können Sie das Äußere der Vorderseite gestalten. Dabei ist die Schablone nützlich. Die äußeren Seitenflächen des Vorderteils der Scheide müssen sehr genau auf ihre Kontur geschliffen werden, um mit einem Rahmen aus Walnußholz eingefaßt werden zu können.

Damit die Rahmenteile genau auf die Seitenflächen der Scheide passen, müssen sie exakt die gleiche Form haben. Für jedes Stück des Rahmens kann das Schleifen und Anpassen bis zu einer Stunde dauern. Halten Sie die Teile gegeneinander und gegen helles Licht, um nachzuprüfen, daß eine dichte Passung entstanden ist.

Anschließend leimen Sie die Stücke nacheinander an die Seitenflächen des Vorderteils der Scheide **(Abb. 12).** Bis zum Trocknen spannen Sie die Teile mit Schraubzwingen zusammen.

Verwenden Sie rechteckige Stücke aus Walnußholz für den Rahmen. Wenn nur eine Seite der Stücke an die geschwungene Form des Vorderteils der Scheide angepaßt wird, können sie beim Verleimen sehr gut an den geraden Außenflächen mit Schraubzwingen zusammengepreßt werden. Erst wenn der Leim abgebunden hat, wird das überschüssige Holz abgesägt.

Sägen Sie die Rückseite der Scheide aus einem Stück Birkenholz **(Abb. 13)**. Das Holz muß für die gesamte Länge der Scheide ausreichen. Legen Sie die fertige Vorderseite der Scheide auf das Holzstück für die Rückseite und reißen darauf den äußeren Umriß an. Anschließend zeichnen Sie den Hohlraum für die Klinge auf das Holzstück für die Rückseite und arbeiten ihn bis zur geeigneten Tiefe heraus. Wenn Sie die beiden Scheidenhälften gegeneinander halten und von oben darauf schauen, können Sie feststellen, ob die Hohlräume zueinander passen. Anderenfalls bessern Sie nach.

Beim Herstellen des Hohlraums im Vorderteil sollten Sie behutsam vorgehen. Sonst besteht die Gefahr, daß die verschiedenen Teile, aus denen die Vorderseite besteht, auseinanderbrechen. Passen die Hohlräume der beiden Hälften zueinander, zeichnen Sie den Umriß der Vorderhälfte auf die Rückhälfte und sägen diese mit einer Laubsäge aus. Die Scheide kann jetzt verleimt werden **(siehe Abb. 15 auf Seite 100)**. Aber zuerst müssen die Berührungsflächen vollständig plan geschliffen werden, damit das Zusammenpassen so gut wie möglich gewährleistet ist. Kleben Sie ein Stück grobes Schleifpapier auf eine ebene Fläche und schleifen Sie die Teile darauf. Bei dieser Methode besteht die größte Wahrscheinlichkeit, eine ebene Fläche zu erhalten.

Danach leimen Sie die beiden Hälften mit Holzleim zusammen. Bis der Leim abgebunden hat, sollten sie mit Schraubzwingen zusammengepreßt werden **(Abb. 14)**. Passen Sie das Hornstück am unteren Ende der Scheide an und verleimen es.

Ist das Werkstück getrocknet, haben Sie die Scheide in ihrer Grobform vor sich, die weiter bearbeitet werden muß **(Abb. 16 auf Seite 100)**. Da sie eine komplizierte Form hat, sollten Sie bei den großen Flächen beginnen. Zuerst bearbeiten Sie die Vorderseite der Scheide mit Messer, Raspel, Feile sowie mit der Laubsäge. Dann gestalten sie die ausgehöhlten, konkaven Ornamente an der Vorderseite. Diese werden mit einem Hohleisen geformt **(Abb. 17 auf Seite 101)**. Schließlich verwenden Sie unter anderem runde Feilen verschiedener Größen, um die konvexen und konkaven Partien zu glätten.

Ist die Vorderseite grob gestaltet, formen Sie die Rückseite der Scheide. Deren Gestalt ändert sich von Messer

Abb. 12   Der Rahmen wird angeleimt

Abb. 13   Sägen Sie die Werkstoffe für die Rückseite der Scheide aus

zu Messer. Manchmal mache ich eine einfache flache Rückseite.

Ein anderes Mal schnitze ich vertiefte Partien auf der Rückseite, um ein Wellenmuster zu erhalten. Folgen Sie Ihrem Gefühl, machen Sie, was Ihrer Meinung nach

Abb. 14

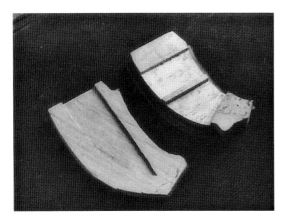

Abb. 15   Die beiden Hälften der Scheide vor dem Verleimen

paßt. Normalerweise gestalte ich die Rückseite aller meiner Holzscheiden ganz anders als die Vorderseiten.

Als nächstes wird die Oberfläche geschliffen. Bei Scheiden mit einer derart gewagten Form sollte man mit sehr grobem Schleifpapier anfangen und zu immer feinerem übergehen. Schleifen Sie die Scheide jeweils vollständig mit einer Körnung zu Ende. Haben Sie beim Schleifen das Papier mit der feinsten Körnung erreicht, ist es an der Zeit, über die Gravur auf der Vorderseite der Scheide nachzudenken **(siehe Abb. 18).** Sie besteht im oberen Teil aus einer Gravur unmittelbar auf der Scheidenoberfläche und einer Verzierung in Form eines Dreiecks, die ich aus einem Stück Horn geschnitzt habe, das zuvor abgebürstet und poliert wurde. Das Zierstück wird aus dem Horn ausgesägt und seine Kanten werden etwas nach innen abgeschrägt, worauf es auf die richtige Stelle der Scheide gelegt wird. Reißen Sie den Umriß um das Stück herum an. Mit Messer und Stecheisen machen Sie eine Vertiefung in die Scheide, die so tief ist, wie das Hornstück dick. Ist die Aussparung zu eng, schleifen Sie

Abb. 16   Die Vorderseite der Scheide in ihrer Rohform

die Kanten des Hornstücks etwas ab. Paßt die Verzierung fast hinein, tragen Sie Kleber auf beiden Flächen auf und drücken das Hornstück mit einer Schraubzwinge hinein.

Es bleiben noch die Feinarbeiten an der Scheide, sie mit Stahlwolle nach dem Anfeuchten zu putzen, die Poren zu füllen und endlich die Oberfläche mit Leinöl zu behandeln (zur Behandlung der Oberfläche siehe **Seite 31**).

Danach muß der obere Teil aus Leder angepaßt und genäht werden. Zuerst messen Sie die Höhe des Lederstücks ab. Sie soll von der Einlage auf dem Scheidenteil bis zum stärksten Teil des Messergriffs reichen. Dieses Stück muß breit genug sein, um sich um das Messer legen zu lassen. Für die hintere Naht verwenden Sie eine Sattlernaht. Lassen Sie dabei ein langes »Öhr« für einen D-Ring, eine Gürtelschlaufe und zusätzlich einen Gürtelschlitz **(Abb. 19)**.

Auf die Vorderseite der ledernen oberen Scheidenhälfte bringen Sie einen geflochtenen Lederzopf an, der genau in die Mitte der Hülse paßt (wie man es macht, wird beim nächsten Messer auf **Seite 110** beschrieben). Machen Sie zunächst zwei rechteckige Durchbrüche mit Hilfe eines Locheisens und eines Stecheisens. Führen Sie die beiden Enden des Zierbands durch diese Durchbrüche und kleben sie mit Kontaktkleber auf die Rückseite. Sind alle Vorbereitungen fertig, weichen sie das Lederstück ein.

Da das Messer über einen Fingerschutz verfügt, müssen Sie den Griff mit Plastik umwickeln. Füllen Sie den Raum zwischen dem Fingerschutz und dem stärksten Teil des Griffs mit Modelliermasse aus. Diese darf nicht über die äußeren Umrisse des Griffs hinausgehen. Ist die Modelliermasse eingebracht, umwickeln Sie diesen Teil mit einer Schicht Papier und Plasik. Der Griff ist jetzt vollständig gegen Feuchtigkeit geschützt. Stecken Sie das Messer in die Scheide und vernähen die Hülse in ihrer richtigen Position. Die Lederhülse sollte zwei Tage trocknen.

Nach vier bis sechs Stunden Trockenzeit verzieren Sie die Vorderseite des ledernen Scheidenteils. Dies können Sie mehrmals wiederholen. Dabei ist es besonders wichtig, das Leder in die Nut am oberen Hals der Holzscheide zu drücken, damit die obere Lederhülse festen Halt findet.

Ist der obere Scheidenteil völlig trocken, muß er auf der Rückseite versäubert werden. Machen Sie dann einen Dübel aus Horn, der sich am unteren Ende der Lederhülse befinden soll. Er soll die Lederhülse an ihrem Platz halten, hat 6 mm Durchmesser und ungefähr einen Zentimeter Länge.

Da er in den unteren Teil der Scheide hineinragt, müssen Sie für den Dübel ein weiteres Loch bohren. Passen Sie auf, daß Sie nicht versehentlich in den Raum für die Klinge hineinbohren. Paßt der Horndübel in das Loch, geben Sie Leim an und schlagen ihn vorsichtig mit einem Gummihammer ein. Ist alles an seinem Platz, können Sie die obere Scheidenhälfte mit Lederfarbe behandeln, wenn es Ihnen passend erscheint.

Als nächstes stellen Sie die Halteschlaufe her. Sie wird in Form eines Zopfes gemacht **(siehe Seite 124)**. Sie wird an einem »Öhr« an der Rückseite des Messers mit Hilfe eines D-Rings **(siehe Abb. 19)** befestigt. Machen Sie zunächst das Loch in das Öhr, biegen Sie den D-Ring etwas auf, und führen Sie ihn an seinen Platz in dem Loch. Beachten Sie, daß der Zopf vor dem Verflechten gefärbt werden muß.

Das Leder muß mehrmals mit Lederfett behandelt werden. Um Glanz zu erhalten, polieren Sie mit Schuhcreme nach. Zum Schluß werden alle Kanten mit schwarzer Lederfarbe eingefärbt – auch die Innenseite der Lederhülse, so weit wie Sie hineinkommen. Ist die Hülse trocken, können Sie die Innenseite mit einer Schicht Kunststofflack überziehen, um sie gegebenenfalls zu versteifen.

Jetzt ist Ihr Messer endlich fertig, nur noch die gefärbten Kanten müssen mit Bienenwachs poliert werden **(Abb. 20)**.

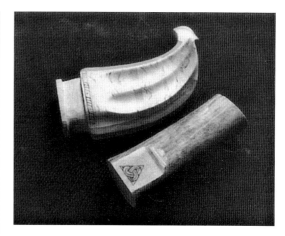

Abb. 18   Die Gravur kann jetzt auf der Vorderseite der unteren Holzscheide angebracht werden

Abb. 19   Die Gürtelschlaufe mit dem D-Ring

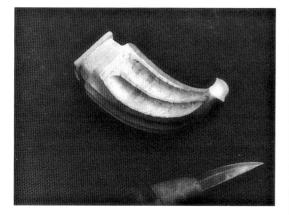

Abb. 17   Die Vorderseite der Scheide, bereits grob geschnitzt

Abb. 20   Die fertige Scheide

Messer der Bergbewohner

Dieses Messer hat einen Griff, der sich nach hinten verjüngt. Der kräftige Fingerschutz bietet festen Halt. Die untere Hälfte der Scheide besteht aus Birkenmaserholz, einfachem Birkenholz, Walnußholz, Wacholderholz und Rentiergeweih. Das lederne Oberteil der Scheide läßt sich an der Seite öffnen und bietet so Raum für den Fingerschutz. Der Aufhänger ist geflochten und in der Länge zu verstellen.

Die Form dieses Messers habe ich aus der des Königlichen Messers entwickelt **(siehe Seite 93)**. Zusätzlich wünschte ich mir einen wirklich optimalen Fingerschutz. Er sollte ein breites Heft haben, an die unteren Finger angepaßt sein und auch zur Seite hin Schutz bieten. Hinten sollte der Zeigefinger an einer Kerbung auf der Unterseite anliegen. Wie in Norwegen üblich sollte der Griff vorn breiter und hinten schmaler sein, daß auch der kleine Finger ganz um das Messer greifen kann. Den untersten Teil habe ich so gestaltet, daß die Hand beim Arbeiten nicht nach unten rutscht. Das Ergebnis ist ein Messer mit einer etwas ungewöhnlichen Form. Es ist in erster Linie für die Jagd bestimmt und sicher kein Schnitzmesser. Durch die Form der Klinge eignet sich das Messer zum Schlachten und Häuten.

Bei der Scheide gab es Schwierigkeiten. Zunächst stellte ich eine gewöhnliche Scheide ganz aus Leder her. Obwohl diese gut paßte, fand ich sie ungeeignet für ein solches Messer. Schließlich entschied ich mich für eine Scheide mit einem hölzernen Unterteil wie beim vorigen Messer **(Seite 93)**. Der obere Teil aus Leder mußte eine Aussparung für den Fingerschutz haben. Ich brauchte mehrere Versuche mit Papiermodellen, bis ich die richtige Form hatte. Die Kunst bestand darin, eine Gestalt zu finden, die leichtes Hinein- und Hinausnehmen des Messers ermöglicht.

Nicht selten wollte ich aufgeben. Um es einfacher zu machen, versuchte ich, die Naht des Oberteils auf der Seite anzubringen und befestigte den Anhänger unmittelbar dadurch. Der Druckknopf gewährleistet, daß das Messer ordentlich festgehalten wird. Beim Aufhänger handelt es sich um ein verstellbares dreifach geflochtenes Zierband. Von all meinen Messern braucht seine Anfertigung die längste Zeit. Machen Sie unbedingt das Messer zuerst. Eine farbige Abbildung finden Sie auf der Umschlagseite.

Das Messer

Das Stück Horn, das der Klinge am nächsten liegt, muß aus einem massiven Hornstück stammen. Das bedeutet, man sollte das Stück vom Elchgeweih nehmen, das dem Rosenstock am nächsten liegt **(siehe Seite 13)**. Das Stück sollte außerdem so wenig Mark enthalten wie möglich. Bohren Sie das Loch für die Angel von beiden Seiten, so daß sie senkrecht zum Hornstück steht. Wie gesagt, muß das Loch ganz exakt um die Angel passen **(Abb. 1)**.

Abb. 1 Das Stück für den vordersten Griffteil wird eingepaßt

Als nächstes formt man die Vorderseite vom Fingerschutz, der gegen die Klinge stößt **(Abb. 2)**. Machen Sie erst die Rundung des Fingerschutzes nach vorn hin, arbeiten Sie dabei möglichst genau. Feilen Sie die Vorderseite in die Form und glätten dann mit Schleifpapier verschiedener Körnungen, bis die Vorderseite glänzt und keine Riefen aufweist. Dies muß geschehen, bevor Sie das Stück auf der Angel festkleben. Sitzt es erst auf der Klinge, sind die Flächen viel schwieriger zu erreichen. Sollte beim Verkleben des ersten Hornstücks an der Klingenseite etwas Kleber austreten, weil dort ein Spalt entstanden ist, wischen Sie ihn weg.

Nehmen Sie etwas Epoxydkleber, rühren Sie Hornschleifspäne darunter, bis die Masse dick ist. Füllen Sie damit

Abb. 2 Runden Sie den ersten Teil des Griffs an der Vorderseite ab

Abb. 3 Das Holzstück in der Mitte des Griffs wird verklebt

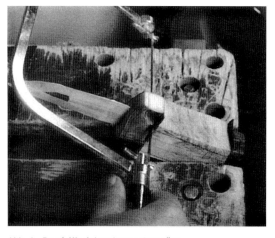

Abb. 4 Der Griff wird grob zurechtgesägt

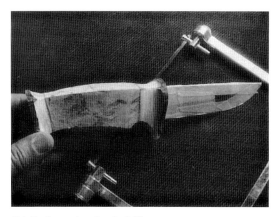

Abb. 5 Der grob geformte Griff

den Hohlraum am Ansatz der Klinge. Es dürfen keine Öffnungen mehr vorhanden sein. Die Vorderseite des Hornstücks soll dabei mit Ausnahme der Öffnung um die Klinge herum vollständig mit Klebeband abgedeckt sein, damit sie nicht mit Kleber verschmutzt wird. Ist der Kleber ausgehärtet, ist es nicht mehr möglich, das massive Hornstück davon zu befreien. Die Angel soll waagerecht wie senkrecht im rechten Winkel im ersten Stück Horn sitzen, deshalb verwende ich einen Anschlagwinkel zur Kontrolle. Der Kleber muß mindestens einen Tag aushärten.

Für den mittleren Teil des Griffs habe ich Birkenmaserholz gewählt. Um ihn anzupassen, ist eine Schablone nützlich. Legen Sie sie auf das Holzstück, um zu sehen, ob es groß genug ist. Verwenden Sie ein großes Stück Birkenmaserholz, um zusätzlichen Spielraum zu gewinnen.

Zwischen Holz und Horn befindet sich eine dünne Lederschicht. Um saubere Ränder zu erhalten, müssen Horn und Holz richtig aneinander passen, bevor man die Lederschicht einfügt. Leder ist in der Lage, Unebenheiten auszugleichen, aber diese bleiben sichtbar, wenn man das fertige Messer um seine Achse dreht. Das hintere Ende des Holzteils soll exakt plan geschliffen werden, ehe Sie das Teil verkleben **(Abb. 3)**. Steckt die Angel einmal drin, ist die Fläche nicht mehr erreichbar.

Sägen Sie das hintere Hornstück zu. Die Sägeflächen werden plan geschliffen. Verwenden Sie einen Meßschieber, um sicher zu sein, daß das Stück rundherum eine gleichmäßige Stärke aufweist. Ist es ganz frei von Mark, kann die Angel unmittelbar auf dem Horn vernietet werden. Anderenfalls muß ihr Ende zurechtgefeilt werden, damit an dieser Stelle eine Unterlegscheibe für den Niet verwendet werden kann. Vernieten Sie die Angel dort und verdecken den Nietkopf am Ende unter einer runden Kappe. Das mittlere Stück kleben Sie mit etwas Epoxydkleber an.

Nachdem die Klebung des Griffs einige Tage ausgehärtet ist, kann man ihn grob zurechtsägen **(Abb. 4)**. Mit Hilfe der Schablone wird der äußere Umriß des Griffs auf die Seiten des Rohlings übertragen. Normalerweise säge ich zuerst die obere und untere Kontur aus. Dann werden diese Flächen mit Raspel und Feile bis zur angerissenen Linie bearbeitet. Sägen Sie dann die beiden anderen Seiten des Griffes aus. Richten Sie sich auch bei diesem Vorgang nach angerissenen Linien **(siehe Abb. 5)**.

Jetzt wird der Griff auf seine Form gebracht. Für das Holzteil verwenden Sie ein Messer, für die Hornteile Raspel und Feile **(Abb. 6)**. Wegen der gekrümmten Form des Fingerschutzes kann es schwierig sein, ihn von allen Richtungen zu bearbeiten. Dafür brauchen Sie wahrscheinlich eine Bohrmaschine und kleine Schaftfräser mit kugelförmigem oder zylindrischem Kopf **(Abb. 7)**. Um alle schwierigen und engen Stellen zu erreichen, verwenden Sie für die abschließende Bearbeitung eine Minibohrmaschine mit sehr kleinen Fräsern. Im übrigen wird das hintere Hornstück mit Raspel und Feile geformt. Um den späteren aufwendigen Schleifvorgang so gering wie möglich zu halten, arbeiten Sie es besonders genau heraus **(Abb. 5)**. Ist der Griff einmal geformt, machen Sie mit Schleifpapier weiter. Wie üblich arbeiten Sie mit unterschiedlicher Körnung, bis der Griff keine Riefen mehr aufweist und eine seidig glänzende Oberfläche hat.

Machen Sie den abgerundeten Knopf für das Griffende. Verwenden Sie ein rechteckiges Stück Birkenmaserholz, das groß genug ist, um das hintere Ende des Hornstücks zu überdecken. Reißen Sie dessen Umriß auf dem Holzstück an. Wenn Sie dem Umriß genau folgen, können Sie die Form der Kappe etwas verkleinert anfertigen. Ist der Umriß übertragen, bearbeiten Sie das Holz mit dem Messer, bis es eine ebenmäßig runde Form bekommt. Schleifen Sie mit einem Schleifklotz nach. Gefällt Ihnen das, schleifen Sie die Kappe so wie den Griff. Vor dem Anbringen muß die Kappe vollständig sauber bearbeitet sein.

Machen Sie eine Aussparung für die Unterlegscheibe des Niets auf der flachen Seite der Kappe. Zusätzlich bohren Sie ein Loch für eine Schraube, die die Kappe am Griff festzieht. Der Schraubenkopf wird in der Kappe versenkt. Jetzt müssen Sie nur noch Epoxydkleber auftragen und die Endkappe an Ihrem Platz festziehen. Der Griff ist jetzt bereit für die Oberflächenbearbeitung (siehe dazu **Seite 31**).

Wie Sie der Abbildung auf **Seite 102** und der Farbabbildung auf der Umschlagseite entnehmen können, ist der Griff des Messers mit Dübeln verziert, die in Bohrungen eingeklebt sind. Sie müssen dies nicht unbedingt machen. Wenn ja, sollten die Bohrungen für die Dübel bereits hergestellt sein, wenn Sie mit dem groben Formen des Griffs anfangen. Dadurch bleibt Spielraum, um eventuelle Absplitterungen, die am Rand des Bohrlochs entstehen, verschwinden zu lassen.

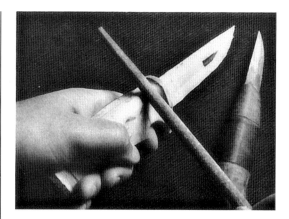

Abb. 6 Der Griff wird mit Messer und Feile gestaltet

Abb. 13 Die grob geformte Vorderseite der Scheide

Abb. 8 Die Scheide wird mit Hilfe von Schablonen geformt

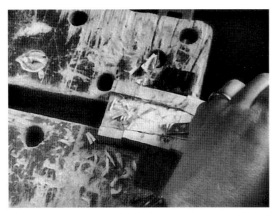

Abb. 9   Die Aussparung für die Messerklinge wird mit dem
         Stecheisen ausgearbeitet

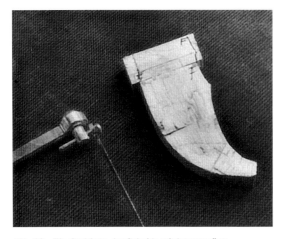

Abb. 10   Die Grobform der Scheide wird ausgesägt

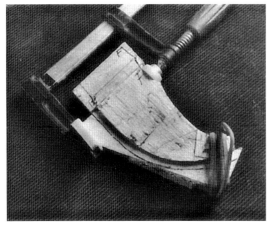

Abb. 11   Leimen Sie das erste Rahmenteil an

Die Scheide

Machen Sie diese Messerscheide aus Einzelteilen, wobei Sie oben mit einem Stück hellem Birkenholz anfangen. Es sollte etwa 5 mm unten aus dem oberen ledernen Scheidenteil herausragen, und bietet so einen interessanten Kontrast. Verwenden Sie wie beim Griff Schablonen für die Herstellung der Scheide **(Abb. 8)**. Eine Schablone reicht bis zum Scheidenrahmen, das heißt, sie überdeckt den Teil des Maserholzes. Eine zweite Schablone überdeckt die ganze Scheide. Steht Ihnen kein ganzes Stück Birkenmaserholz zur Verfügung, können Sie die Vorderseite abschnittsweise nach unten aufbauen. Es geht darum, ein sehr schönes Stück Maserholz zu finden, obwohl nur wenig davon auf der fertigen Scheide sichtbar wird. Ist die Vorderseite einmal fertig, so reißen Sie die Aussparung für die Klinge auf der Rückseite an.

Schneiden Sie den Umriß der Klinge mit einem scharfen Messer ein und arbeiten die Aussparung mit einem Stecheisen heraus. Es ist wichtig, daß man diesen Arbeitsgang durchführt, solange man das Stück noch in die Werkbank einspannen kann **(Abb. 9)**.

Reißen Sie jetzt mit Hilfe der Schablone den Umriß des inneren Teils der Scheide an und sägen danach die Form mit einer Laubsäge aus **(Abb. 10)**. Anschließend müssen sämtliche Sägeflächen geebnet werden. Das erfordert viel Geschick. Über die Seite hin müssen sie völlig plan sein und der Länge nach der Kontur völlig gleichförmig folgen. Am schwierigsten ist dabei, die Ebenheit einzuhalten, wenn man quer zum Werkstück arbeitet. Es passiert leicht, daß eine leicht runde Oberfläche mit Feile, Schleifklotz und Schleifpapier entsteht. Also empfiehlt es sich, abwechselnd in Längs- und Querrichtung zu schleifen.

Wenden Sie sich jetzt der Einfassung des Birkenmaserholzteils zu. Nehmen Sie Horn oder Holz, letzteres sieht besser aus. Die Rahmenteile für die Seiten werden aus rechteckigen Holzstücken geeigneter Stärke gesägt. Legen Sie jedes Stück unter die Scheide und zeichnen Sie den Umriß darauf an. Je genauer man die Rahmenstücke sägt, desto weniger Arbeit hat man nachher. Der Sägeschnitt muß exakt im rechten Winkel zur Oberfläche der Stücke ausgeführt werden. Nehmen Sie sich nur eine Seite der Scheide auf einmal vor.

Schleifen Sie die gesägten Flächen, damit Scheide und Rahmen genau aneinander passen. Schleifen Sie jeweils nur wenig vom Rahmen ab, bis Sie auf der gesamten Länge eine gute Passung der Teile zueinander haben. Sie können auch die Paßflächen der Scheide und des Rahmens wechselweise schleifen. Um eine möglichst große Belastbarkeit zu erhalten, leime und schraube ich die Rahmenteile an. Die Rahmenstücke werden eins nach dem anderen angeleimt **(Abb. 11 und 12)**. Spannen Sie sie mit einer Schraubzwinge zusammen. Klappt dies wegen der Rundung nicht, nehmen Sie Lederriemen, Schnürsenkel oder ähnliches.

Beginnen Sie mit der Gestaltung der Scheide **(siehe Abb. 13)**. Zuerst legen Sie das Profil der Scheide fest. Ihr Umriß bildet einen Bogen, dabei befindet sich der tiefste Punkt in der Mitte und die höchsten Punkte am unteren und oberen Ende. Dann gestalten Sie die Flächen der Scheide. Von einem kleinen längs verlaufenden »Rücken« ausgehend, machen Sie die Form zu den Kanten hin dünner.

Fertigen Sie die Rückseite an. Formen Sie diese aus einem ganzen Stück Holz, denn das verstärkt die Vorderseite, die aus mehreren Teilen besteht. Legen Sie die Vorderseite auf das Material für die Rückseite und reißen Sie den Umriß darauf an. Die Aussparung für die Messerklinge muß jetzt genauso eingearbeitet werden wie bei der Vorderseite **(siehe Abb. 9 oben)**. Machen Sie den Hohlraum so groß, daß das Messer darin nicht steckenbleibt. Ist der Hohlraum fertig, werden die Konturen nach dem Riß ausgesägt.

Bald ist es an der Zeit, beide Hälften zu verleimen. Aber zuerst müssen die Kontaktflächen völlig eben geschliffen werden. An der Scheidenspitze kann dabei leicht eine Ritze entstehen, wenn man dort etwas zuviel wegschleift. Beim Verleimen der beiden Hälften achten Sie darauf, daß die Spitzen in den Aussparungen für die Klinge genau aufeinander passen. Anschließend werden die Teile mit mehreren Schraubzwingen zusammengespannt, bis der Leim abgebunden hat. Danach arbeiten Sie die äußeren Konturen nach, bis die Kanten gleichmäßig verlaufen. Jetzt können Sie eine endgültige Entscheidung über die Breite des Rahmens treffen **(siehe Abb. 13)**.

Jetzt ist die Rückseite an der Reihe. Deren Oberfläche kann je nach Geschmack als glatte oder als verzierte Fläche gestaltet werden. Arbeiten Sie oben an diesem unteren Teil der Scheide einen Flansch heraus, damit der obere Teil aus Leder daran haften kann. Das Leder wird in die Holzoberfläche der Scheide soweit eingelassen, so

Abb. 12   Der Rahmen ist vollständig verleimt

Abb. 13   Die grob geformte Vorderseite der Scheide

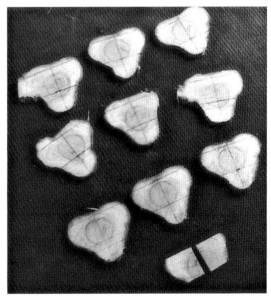

Abb. 14   Stücke von Wacholderholz für die Einlage

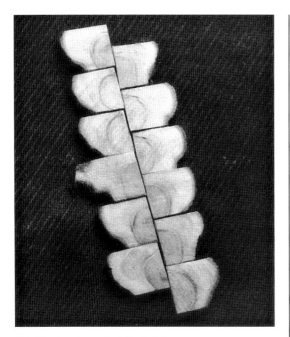

Abb. 15   Anordnung der Intarsienteile

daß die fertige Scheide eine vollständig ebene Oberfläche bekommt.

Das untere Ende der Scheide besteht aus einem Hornstück mit einer Schlußkappe, die jetzt angebracht wird. Verstärken Sie die Klebestelle am Hornende, indem Sie dicke Stahldrähte in zuvor gebohrte Löcher eintreiben. Sie können das Hornstück auch mit zwei Schrauben an der Scheide befestigen. Ist der Kleber ausgehärtet, geben Sie dem Hornstück seine endgültige

Abb. 16   Der obere Teil der Scheide von vorn (Abb. 16), von der Seite (Abb. 17) und von hinten (Abb. 18)

Form. Zum Schluß bringen Sie die Kappe an, die aus Kontrastgründen aus Birkenmaserholz besteht. Verschrauben Sie diese am Hornstück und an der Scheide. Der Schraubenkopf wird versenkt.

Sind alle Teile fertig montiert, fängt man mit dem Schleifen an. Nehmen Sie grobes und später feines Schleifpapier. Dabei ist es wichtig, an die Intarsie zu denken. Auf dieser Scheide habe ich eine Intarsie aus dünnen Hirnholzstücken von Wacholderholz angebracht.

Sägen Sie sämtliche Stücke mit Querschnitten aus **(Abb. 14)**. Dann schneiden Sie drei Kanten daran rechtwinklig und in richtiger Größe für die Intarsie zu. Anschließend werden alle Stücke – um die Hälfte in der Höhe verschoben – aneinandergelegt aufgereiht **(Abb. 15)**. So erhält man eine interessante geschlängelte Form, die sich durch die gesamte Intarsie windet.

Schleifen Sie alle Kanten, damit sie fugenlos aneinander passen. Anschließend werden sie in der richtigen Reihenfolge verleimt. Ist der Leim trocken, geben Sie den Einlegeteilen ihren äußeren Umriß und schleifen diese ebenmäßig. Dieser Teil bekommt einen dünnen äußeren Rahmen, den ich in diesem Fall aus Walnußholz gemacht habe. Der Rahmen muß sorgfältig angepaßt werden, machen Sie ihn so wie eben den äußeren Rahmen der Scheide.

Zuletzt muß der Rahmen auf die richtige Stärke abgeschliffen und zugeschnitten werden. Jetzt ist es leicht, den Intarsienteil auf der Vorderseite der Scheide anzureißen. Sie haben genaue Abmessungen für die Aussparung, die noch angefertigt werden muß. Bevor man den Intarsienteil anreißt, sollte man seine Kanten etwas nach innen abschrägen. Die Aussparung wird mit einem kleinen Messer und einem Stecheisen gemacht. Natürlich muß der Grund der Aussparung völlig eben sein. Auch die Unterseite der Intarsie muß plan geschliffen werden.

Passen Sie nun die Intarsie exakt ein. Sämtliche Teile müssen genau sitzen, insbesondere die Spitze. Ist die Intarsie mit angegebenem Leim fast ganz in die Aussparung eingefügt, drücken Sie sie mit einer Schraubzwinge ganz hinein. Haben Sie alles richtig gemacht, sollte das Stück gut passen. Achtung: Die Einlegeteile dürfen nicht zu dünn gesägt sein. Es muß genügend Holz überstehen, damit die Oberfläche dem leichten Rücken angeglichen werden kann, den die Scheide hat.

Ist der Leim trocken, wird die Intarsie mit Messer und Feile bearbeitet. Zum Schluß glätten Sie die Oberfläche mit Schleifpapier, bis sich die Intarsie der Fläche der Scheide sauber anpaßt.

Als Lüftung und Abfluß bringe ich eine Bohrung von 3 mm Durchmesser unten in der Scheide und je ein Luftloch in den Seiten an. Das Loch wird angesenkt, damit es einen sauberen Eindruck macht.

Hat die Scheide ihre endgültige Oberflächenbehandlung mit Stahlwolle, Naßschliff, Porenfüllen usw. erhalten, legen Sie sie für einige Tage in eine Mischung aus gekochtem Leinöl, Terpentin und Paraffinöl.

Der obere Teil der Scheide aus Leder ist an der Reihe. Für ein Messer mit einem so weit vorstehenden Fingerschutz muß die Scheide an einer Seite offen sein. Bei meinem Entwurf überlappen sich die Lederteile und werden mit einem starken Druckknopf zusammengehalten. Um den richtigen Zuschnitt für das Leder zu finden, müssen Sie etwas experimentieren. Geben Sie am Rand genug zu, damit Sie bei Bedarf etwas abschneiden können. Vielleicht fangen Sie mit einem Stück Papier an, das Sie um das Messer wickeln. Es muß dabei die ganze Zeit in der Scheide stecken.

Der obere Scheidenteil besitzt ein kleines dreifach geflochtenes Zierband aus dünnem Leder, das durch Schlitze im Leder geführt und auf der Innenseite verklebt wird. Bringen Sie das Zierband vor dem Einweichen des Leders an. Wenn Sie den oberen Teil der Scheide aus Leder formen, achten Sie darauf, daß sich das Messer leicht hineinstecken und herausziehen läßt. Das ist der Grund für die Rundungen. Feuchtes Leder läßt sich einfacher um den Messergriff legen. Das Messer muß vor dem Einführen in die Scheide mit Kunststoffolie umhüllt werden, dadurch wird es vor Nässe geschützt.

Das Leder wird nur entlang des kleinen Stücks genäht, das den unteren Teil der Scheide umfaßt. Der obere Teil besteht aus einem Stück. Es empfiehlt sich, nach dem Nähen den Platz für den Druckknopf festzulegen. Zuerst bringen Sie den Oberteil des Druckknopfs an. Dann drücken Sie ihn fest auf das darunter liegende Leder, um die genaue Stelle für das Unterteil des Druckknopfs zu markieren. Selbstverständlich muß dabei das Messer in der Scheide stecken. Der obere Teil der Scheide aus Leder ist nur mit einem sehr kleinen Abschnitt der Holzscheide fest verbunden. Um diese zu fixieren, arbei-

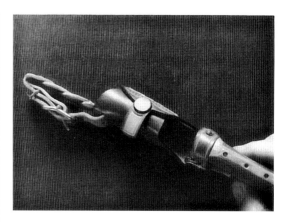

Abb. 17

ten Sie eine rechteckige Erhebung auf dem Vorderteil der Holzscheide heraus, die das Leder festhalten kann. Das muß sein, sonst bleibt die untere Scheide nicht am Lederteil hängen. Diese Erhebung kann auch später angeleimt werden oder bereits als Teil der Scheide gemacht werden.

Solange das Leder feucht ist, läßt es sich leicht um diese Erhebung formen. Um diesen Teil fester mit dem Leder oben zu verbinden, schrauben Sie Messingschrauben durch das Leder ins Holz hinein. Man braucht vier solche Schrauben. Nachdem das Leder einige Stunden getrocknet hat, prägen Sie die Verzierungen um den Zierzopf herum ein **(siehe Abb. auf Seite 102).**

Das Messer sollte einige Tage in der Scheide bleiben, bis das Leder völlig trocken ist. Danach kann man es nach Belieben mit Lederfarbe kolorieren. Behandeln Sie das Leder anschließend mit Bienenwachs und polieren mehr-

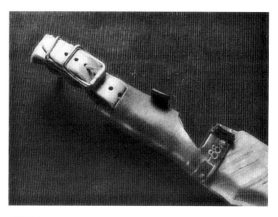

Abb. 18

mals mit einem Falzbein die Kanten, bis sie glänzen. Ist die Lederfarbe trocken, nehmen Sie Lederfett. Wiederholen Sie diesen Vorgang mehrmals. Jedesmal, wenn Sie feststellen, daß das Fett eingezogen ist und das Leder wieder trocken aussieht, machen Sie es noch einmal. Zuletzt polieren Sie das Leder mit farbloser Schuhcreme, um eine glänzende Oberfläche zu bekommen.

Der Anhänger wird aus einem dreifach geflochtenen Band gemacht, das eine Schnalle hat, mit deren Hilfe man die Länge verstellen kann **(siehe Abb. 16 bis 18).**

Das dreifache Zierband

Ein dreifach einwärts geflochtenes Band wird jeweils in Sechserschritten geflochten – das heißt 6mal, 12mal, 18mal usw. Folgen Sie den Arbeitsschritten, wie in **Abb. 19 auf Seite 111** gezeigt (A bis I), sowie folgenden Anweisungen.

A Machen Sie zwei parallele Schnitte in das Lederstück.

B Erste Flechtung: Halten Sie Nummer 3 fest und schieben Sie das Stück unter Nummer 2. Arbeiten Sie mit Daumen und Zeigefinger der rechten Hand.

C Zweite Flechtung: Nummer 1 wird unter Nummer 3 geschoben. Übergeben Sie zum Daumen und Zeigefinger der linken Hand. So bleibt Streifen 2 frei.

D Erste Drehung: Halten Sie Nummer 1 unter Nummer 3 mit Daumen und Zeigefinger fest. Fassen Sie Nummer 2 mit der rechten Hand und drehen Sie das Stück von sich weg, nach oben und zu sich zurück, sowie zwischen den Streifen selbst (eben Nummer 2) und Nummer 1.

E Dritte Flechtung: Schieben Sie Nummer 2 unter Nummer 1 mit der rechten Hand und dem Zeigefinger.

F Vierte Flechtung: Mit Daumen und Zeigefinger der linken Hand schieben Sie Nummer 3 unter Nummer 2.

G Zweite Drehung: Halten Sie das Stück fest und lassen Sie Nummer 1 herunterhängen. Drehen Sie es genauso (von sich weg, nach oben, wieder zu sich), aber diesmal hängt Nummer 1 lose zwischen Nummer 2 und 3.

H Fünfte Flechtung: Beim üblichen Griff mit der rechten Hand schieben Sie Nummer 1 unter Nummer 3.

I Sechste Flechtung: Machen Sie das gleiche mit der linken Hand – Nummer 2 unter Nummer 1. Sie können wieder von vorn anfangen, falls gewünscht.

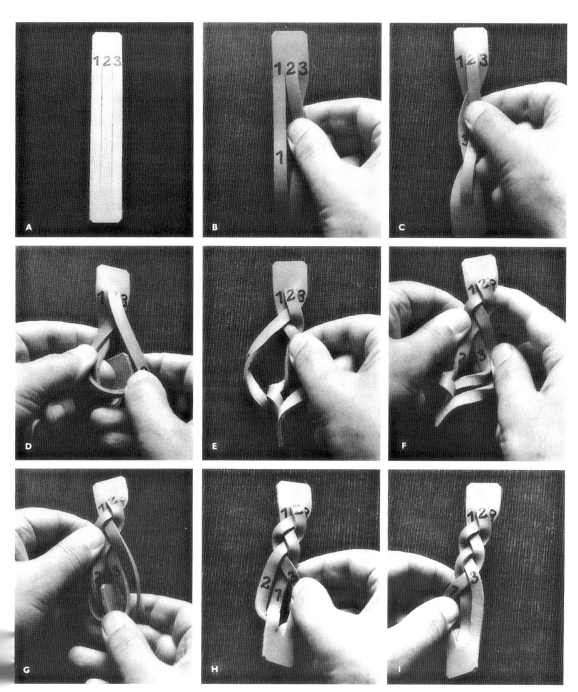

Abb. 19 Die einzelnen Arbeitsschritte beim Flechten des Zierbands

Das Hälsingemesser

Dieses Messer hat einen ungewöhnlichen Aufbau. Birkenrinde im Griff sorgt dafür, daß das Messer bei jedem Wetter fest in der Hand liegt. Leder und Horn dienen zur Verstärkung. Die Scheide besteht aus den gleichen Werkstoffen und verlangt etwas Geduld vom Messermacher. Der obere Teil der Scheide besteht aus lappländischem Messerleder, ist mit Punzen und Prägestempeln verziert und verfügt über einen verstellbaren Anhänger.

Dieses Messer habe ich als Beitrag für einen Wettbewerb gemacht. Eine Gegend Schwedens war auf der Suche nach einem Messer, das für die Region typisch werden könnte. Auf **Seite 43** finden Sie die Anleitung für einen ähnlichen Messergriff aus Birkenrinde, der jedoch leichter herzustellen ist.

Über Messer mit Griffen aus Birkenrinde hatte ich viel Gutes gehört. Auch im nassen Zustand wird er nicht rutschig. Birkenrinde ist auch bei Kälte angenehm anzufassen und trägt zum geringen Gewicht des Messers bei. Um mehr Stabilität zu erhalten, als es bei einem Griff nur aus Birkenrinde möglich wäre, fügte ich andere Werkstoffe hinzu, die Birkenrinde montierte ich in der Mitte. Um den Griff an den Enden zu verstärken, nahm ich lappländisches Messerleder und als Abschluß Horn. Das Ergebnis ist ein Messer mit den Vorteilen eines Griffs aus Birkenrinde und der Stärke eines Holzgriffs. Auf der Umschlagseite sehen Sie das Messer in einer farbigen Abbildung.

Es macht Freude, dieses Messer zu machen, schließlich regt es an, mit neuen Werkstoffen zu arbeiten. Selbstverständlich kann man den Griff genauso aus anderen Stoffen herstellen, zum Beispiel mit Schichten aus Leder oder mit dünnen Einlagen aus Holz, die einen schönen Kontrast bieten. Als Verzierung habe ich auf einer Seite ein Holzplättchen eingelassen. Sie können darauf Ihre Initialen eingravieren lassen. Ich habe nur einen kleinen Fingerschutz vorgesehen, damit das Messer in eine gewöhnliche Scheide hineinpaßt. Um ein harmonisches Aussehen zu erzielen, benutzte ich für die Scheide das gleiche Material wie für den Griff. Wie bei den vorher gezeigten Messern benötigte die Scheide mehr Zeit als das Messer.

Die Wahl der Klinge war von vornherein klar. Ich wollte eine handgeschmiedete Klinge aus Dreilagenstahl, die nicht zu lang sein sollte. Zunächst feilte ich die unebene Angel glatt und gab ihr hinten eine kegelförmige Spitze. Bei einem Griff aus derartig weichem Material ist es nötig, eine sehr enge Passung zwischen dem Griff und der Angel herzustellen. Ansonsten könnte sich ein Teil des Griffs lösen und das Spiel einen irreparablen Schaden nach sich ziehen. Ist die Angel zurecht gefeilt, kann man eine gute Passung zwischen ihr und dem vorderen Hornteil herstellen.

Der Griff wird jetzt abschnittsweise hergestellt und später zusammengeklebt. Montieren Sie erst das Hornstück.

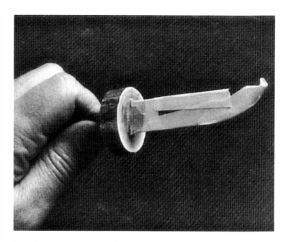

Abb. 1 Das obere Hornteil wird angeklebt

Anschließend sollte die Verklebung einen Tag lang aushärten. Währenddessen bereiten Sie die anderen Teile vor **(Abb. 1)**.

Nach dem Hornteil kommt ein Stück lappländisches Messerleder. Einzelne Lederstücke werden zugeschnitten **(Abb. 2)** und mit Holzleim verbunden. Drücken Sie diese einige Minuten lang mit der Hand zusammen, bevor Sie eine Schraubzwinge anbringen **(Abb. 3)**. So können sie nicht mehr gegeneinander verrutschen. Nach dem gleichen Verfahren schneiden Sie Stücke aus Birkenrinde für den mittleren Teil und leimen diese mit Holzleim zusammen. Um mir die Arbeit zu erleichtern, verwende ich möglichst dicke und starke Birkenrinde, die sich besser bearbeiten läßt. Schließlich machen Sie das gleiche mit den Lederstücken für den hinteren Teil des Messers.

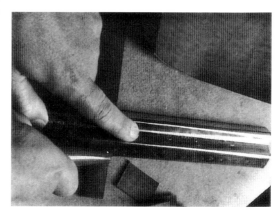

Abb. 2 Schneiden Sie das lappländische Messerleder zurecht

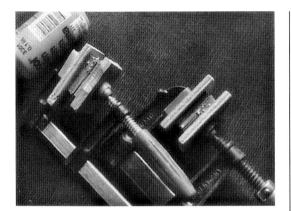

Abb. 3 Die Lederteile werden zusammengeklebt und mit Schraubzwingen zusammengepreßt

Abb. 4 Der mittlere Teil des Griffs wird zusammengeklebt

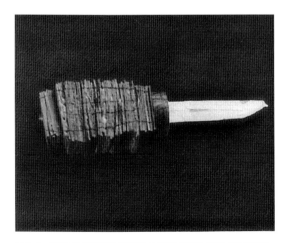

Abb. 5 Hier ist der Griff bereits vernietet und kann nun nach der Schablone grob gesägt werden

Sind alle Teile trocken, montieren Sie sie. Machen Sie die Löcher für die Angel so genau wie möglich. Verkleben Sie die einzelnen Teile in der richtigen Reihenfolge mit Epoxydkleber und lassen nach jedem Schritt das Stück einen Tag aushärten **(Abb. 4)**. Vor dem Nieten ist es wichtig zu überprüfen, ob jedes Detail stimmt, da während der Kleber aushärtet, nur sehr wenig Zeit für Korrekturen bleibt.

Nieten Sie den Griff hinter dem hinteren Teil aus Leder, wo es unsichtbar ist **(Abb. 5)**. Der Niet erhält eine Abdeckung, zum einen, um das Messer schlanker und eleganter aussehen zu lassen, zum anderen, um das Rosten durch ein freiliegendes Niet zu verhindern.

Nachdem er noch einen weiteren Tag getrocknet hat, kann der Griff mit der Säge grob vorgeformt werden. Zeichnen Sie den Umriß des Griffs mit Hilfe der Schablone auf und sägen Sie zuerst den oberen und unteren Teil, dann die Seiten ab **(siehe Abb. 6)**.

Jetzt kann der Griff endgültig geformt werden **(Abb. 7 und 8)**. Diesmal nehmen Sie keine Raspel. Sie ist zu grob und kann im schlimmsten Fall einige Teile herausreißen. Statt dessen verwenden Sie ein Messer und verschiedene Feilen. Fangen Sie mit dem Fingerschutz und der angrenzenden Partie an. Setzen Sie unterschiedliche runde Feilen ein. Bei ihrer Führung spielt der Daumen eine wichtige Rolle. Schützen Sie ihn, indem Sie ihn mit einigen Schichten Klebestreifen umwickeln.

Die Kanten des Griffes werden mit einem Messer beschnitten, dann kann der Griff fertig gefeilt werden. Feilen Sie schräg über die einzelnen Lagen, um eine ebene Oberfläche zu erhalten. Erst danach wird das hintere Hornstück angefertigt, das man nun so groß machen kann, daß es ziemlich genau der Größe des Griffs an dessen Ende entspricht.

Dadurch erspart man sich einiges beim Abfeilen überschüssigen Horns. Machen Sie auf die Innenseite des Hornstücks eine Vertiefung für die Unterlegscheibe des Niets. Dann bohren Sie anschließend ein Loch für die Schraube, die durch das Hornteil hinten in den Griff hinein geschraubt wird.

Ist das Stück verschraubt, kann man erkennen, wieviel Horn noch an den Kanten übersteht. Dieser restliche Überstand wird abgefeilt. Geben Sie auch Leim an die Schraube, damit sie gut im Griff hält. Ist der Leim trocken, so kann man das hintere Hornteil in seine endgültige Form bringen. Bearbeiten Sie das Stück mit Schleifpapier, indem Sie von grober auf feinere Körnung übergehen **(siehe Abb. 9 auf Seite 116).**

Jetzt können sie eine Nut zur Verzierung in die Hornteile feilen. Bevor Sie die Oberfläche behandeln, machen Sie das ovale Plättchen für die Vorderseite und bringen es an. Zuerst wird das Plättchen aus Birkenholz ausgesägt. Die Kanten müssen etwas nach innen abgeschrägt sein, damit das Plättchen fest in den Hohlraum hineingedrückt werden kann. Dann legen Sie es auf die Vorderfläche des Griffs und zeichnen den äußeren Umriß an. Die Aussparung im Birkenholz machen Sie mit einem kleinen Messer und einem Stecheisen. Paßt das Plättchen gut in die Vertiefung, leimen Sie es mit Holzleim an und drücken es mit einer Schraubzwinge in den Griff. Um den Griff dabei zu schützen, legen Sie eine Lederschicht auf jeder Seite dazwischen, bevor Sie die Schraubzwinge ansetzen.

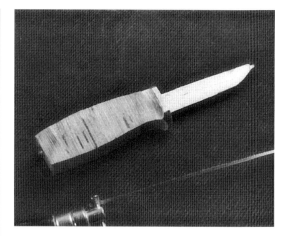

Abb. 6　Der grob zugesägte Griff

Ist die Verleimung getrocknet, so wird das Plättchen soweit abgeschliffen, bis es mit der Oberfläche des Griffs eine Ebene bildet. Falls Sie es wünschen, können Sie mit einem kleinen Messer eine Gravur in das Holz einarbeiten. Bevor man die Poren des Griffes füllt und die Oberfläche ölt, sollte man das Plättchen mit der Gravur durch Auftragen einiger Schichten farblosen Lackes verstärken **(siehe Abb. 10 auf Seite 116).** Machen Sie dies besser vor dem Ölen.

Die Scheide

Die Scheide ist aufwendiger herzustellen als das Messer, aber es macht trotzdem Spaß. Wie üblich fertigen Sie die Vorder- und die Rückseite der Scheide einzeln. Fangen Sie mit der Vorderseite an. Sie besteht aus den gleichen Werkstoffen wie der Griff, nur wird statt Horn Birkenmaserholz verwendet. Oben kommt das Birkenholz, es folgen die Lederteile, dann ein Abschnitt mit Birkenrinde, wieder ein Abschnitt aus Leder und ganz unten ein Abschnitt aus Birkenmaserholz. Die Lederstücke werden in geeigneter Größe zugeschnitten **(Abb. 11 auf Seite 117)** und anschließend unter Druck mit Holzleim zusammengesetzt.

Schneiden Sie die Teile aus Birkenrinde aus und leimen Sie diese genauso zusammen wie zuvor die Lederteile. Machen Sie das gleiche mit einem weiteren Lederabschnitt. Diese drei Teile müssen ungefähr die gleiche

Abb. 7　Der Griff bekommt seine Form

Abb. 8　Nehme Sie Feilen unterschiedlicher Art

Abb. 9 Der geschliffene Griff

Länge und Breite haben. Für das unterste Ende sägen Sie ein passendes Stück Birkenmaserholz aus. Diese fünf Abschnitte können noch nicht aneinandergeleimt werden, weil sie sonst beim Ausstechen der Vertiefung für die Klinge auseinanderbrechen würden. Statt dessen sollte man den Hohlraum in jedes der fünf Teile einzeln machen **(Abb. 12)**.

Es empfiehlt sich, für die Scheide eine Schablone mit der eingezeichneten Vertiefung für die Klinge anzufertigen. Die Einzelteile werden mit der Hand zusammengehalten, während man den Umriß für die Vertiefung auf der Innenseite anreißt. Anschließend wird aus jedem Teil die Aussparung einzeln herausgeschnitten. Achten Sie darauf, daß jede dieser Vertiefungen die gleiche Tiefe hat.

Passen die Vertiefungen genau aneinander, leimen Sie alle Abschnitte mit Holzleim zusammen. Jetzt kann alles gründlich trocknen **(Abb. 13 und 14 auf den Seiten 117 und 119)**.

Als nächstes stellen Sie die Rückseite her. Sägen Sie ein Stück Birkenholz aus, das für die gesamte Rückseite reicht. Das Stück wird oben breiter als unten gemacht, damit es ausreichend groß ist. Indem Sie die Schablone wenden, können Sie damit die Umrisse des hinteren Scheidenteils anzeichnen.

Um die Form der Vertiefung für die Klinge auf den hinteren Teil der Scheide zu übertragen, verwende ich Paus- oder Kohlepapier. Zuerst wird die obere Kante der Scheide gerade gesägt. Anschließend schneiden Sie mit einem scharfen Messer den Umriß der Vertiefung ein und vertiefen mit einem Stecheisen im erforderlichen Maß **(Abb. 15 auf Seite 119)**. Die Vertiefungen im vorderen und hinteren Teil müssen genau zueinander passen.

Bevor Vorder- und Hinterteil verleimt werden, müssen die Umrisse der Scheide am hinteren Stück mit einer Laubsäge gesägt werden. Schleifen Sie anschließend die Trennflächen zwischen Vorder- und Hinterteil plan, nehmen Sie dazu ein großes Stück Schleifpapier, das auf einer ebenen Unterlage befestigt ist. Beim hinteren Teil wird es keine Probleme geben, aber beim Vorderteil sollten Sie darauf achten, daß Sie nicht zu viel abschleifen.

Nachdem Sie überprüft haben, ob die Flächen plan aufeinanderpassen, leimen Sie diese mit Holzleim zusammen **(Abb. 16 auf Seite 119)** und spannen sie mit einer Schraubzwinge zusammen.

Nach dem Trocknen sägen Sie die äußeren Umrisse der Vorderseite sauber aus. Verwenden Sie dabei die bereits

Abb. 10 Der Griff ist verziert und kann jetzt geölt werden

ausgesägte Rückseite als Modell. Als nächstes werden die breiten Flächen der Scheide geformt, beginnend mit der Vorderseite. Sollten Sie für die Vorderseite ziemlich starke Stücke verwendet haben, sägen Sie das Profil zunächst grob heraus. Alternativ können Sie vorsichtig mit Raspel und Feile arbeiten. Bevor man fortfährt, muß das Profil seine endgültige Form erhalten haben. Bearbeiten Sie die Rückseite nach der gleichen Methode

Anschließend werden die äußeren Konturen der Scheide mit einer Feile sauber geglättet. Messen Sie ständig nach und vergleichen Sie mit der Schablone. Es ist ein wahres Geduldsspiel, also geben Sie nicht auf, bevor Sie Ihr Ziel erreicht haben.

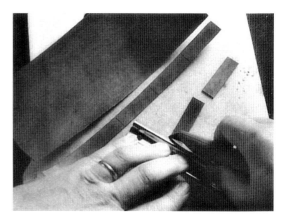

Abb. 11   Die Lederteile werden ausgeschnitten

Gehen Sie zurück zur Vorderseite der Scheide und reißen der ganzen Länge nach eine Mittellinie an. Von dieser ausgehend schrägen Sie jede Hälfte zur Kante hin an. Am Ende muß über die ganze Länge der Scheide ein Grat verlaufen **(Abb. 17 auf Seite 119)**. Diesen zu machen ist sehr zeitaufwendig, da der Werkstoff schwer zu bearbeiten ist. Sind Sie einmal so weit, bohren Sie ein Loch für den Beinriemen. Bohren Sie dabei von beiden Seiten, damit es nicht schräg verläuft. Anschließend senken Sie die Lochränder an und formen das Oberteil dieser unteren Scheidenhälfte mit einem Messer.

Ist die Vorderseite schon grob vorgearbeitet, ist es einfacher, den Anschluß am oberen Ende zu formen, in den der obere Teil der Scheide aus Leder eingreift. Stecken Sie das fertige Messer in die Scheide und zeichnen den Umriß des Griffendes auf die Oberkante der unteren Scheide. Dadurch wird das Maß des Bereichs festgelegt, an dem sich die obere Lederscheide anschließt. Am oberen Ende der unteren Scheide muß außerdem Platz für den Flansch berücksichtigt werden, mit dem das Leder sicher befestigt wird. Der zeitaufwendigste Teil der Herstellung der Scheide besteht in der Formung dieses Flansches. Das Leder muß auch genau um den Messergriff passen.

Abb. 12   Arbeiten Sie die Vertiefung in jeden Abschnitt einzeln ein

Der Bereich für die Befestigung der oberen Scheide mit dem Flansch wird herausgearbeitet und nach und nach zurechtgefeilt. Prüfen Sie von Zeit zu Zeit mit dem Messer, ob alles zusammenpaßt.

Das Vorder- und Rückenteil müssen jetzt mit Holzdübeln verbunden werden. Die Dübel sollten leicht kegelförmig sein, einen Durchmesser von 3 bis 4 mm haben und aus sehr hartem Holz bestehen. Bohren Sie ein Loch von

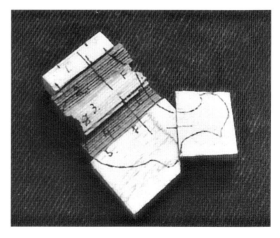

Abb. 13   Die verleimten Abschnitte des Vorderteils

3 mm Durchmesser durch sehr hartes Holz und treiben Sie die Dübel mit Hilfe eines Durchschlags hindurch.

Sitzen die Dübel in den Bohrungen der Scheidenteile, werden sie sich zu ihrer ursprünglichen Stärke ausdehnen wollen. Anschließend kann man den Überstand mit einem Messer abschneiden, damit auf der Vorderseite eine glatte Oberfläche entsteht.

Nach diesen Schritten bearbeiten Sie die ganze Scheide mit einem Messer und einer Feile, bevor Sie sie endgültig schleifen.

Für die obere Scheide wähle ich lappländisches Messerleder oder Schuhleder, da beide sehr strapazierfähig sind. Unten um diese Lederhülse bringen Sie zwei kleine Dreifachzöpfe aus dünnem Leder als Verzierung an (eine Anleitung finden Sie auf **Seite 111**). Diese müssen angebracht sein, bevor das Leder eingeweicht wird. Stecken Sie sie durch Schlitze ins Leder und kleben sie an die Innenseite.

Bevor die obere Lederscheide vernäht werden kann, muß der Messergriff zum Schutz mit Kunststoffolie abgedeckt werden. Die Einbuchtung am Fingerschutz wird mit Modelliermasse ausgefüllt, bis der Griff die Gestalt einer Spule hat. Ansonsten können Sie das Messer nach dem Trocknen des Leders nicht mehr herausnehmen.

Als Schutz gegen Feuchtigkeit und die Modelliermasse wird um den Griff herum eine zusätzliche Kunststoff-

schicht gewickelt. Legen Sie einige Schichten Papier zwischen die Kunststoffschichten und über die Modelliermasse. Sonst wird das Oberteil der Scheide zu eng. Vernähen Sie die Scheide mit einer Sattlernaht und machen dabei ein »Öhr« für den Anhänger (eine Anleitung finden Sie auf **Seite 60, Abb. 11**).

Ist das Leder nach dem Nähen einige Stunden getrocknet, können Sie es verzieren. Der Vorgang muß in den folgenden Stunden mehrmals wiederholt werden, damit die Verzierungen von Dauer sind.

Nach einigen Tagen ist die obere Scheide völlig trocken. Verstärken Sie den Zusammenhalt, indem Sie ein paar Messingschrauben auf der Rückseite anbringen **(Abb. 18)** und einen Hornknopf in die Vorderseite bohren **(Abb. 19)**.

Fertigen Sie den Anhänger als dreifach geflochtenen Zopf an **(siehe Seite 111)**. Dieser muß auch in der Länge verstellbar sein. Der Anhänger wird mit einem D-Ring am hinteren Teil des »Öhrs« befestigt.

Färben Sie die Innenseite und die sichtbaren Kanten der oberen Scheide schwarz. Reiben Sie Bienenwachs in diese Flächen und polieren mit einem Falzbein oder ähnlichem, bis sie glänzen.

Behandeln Sie das Leder auf die übliche Weise, indem Sie es mit Lederfett einreiben. Tragen Sie mehrere Schichten auf und polieren mit Schuhcreme, bis es glänzt. **Siehe Abb. 18 und 19,** die das fertige Messer zeigen.

Abb. 14 Das Vorderstück von innen

Abb. 17 Arbeiten Sie die Form des unteren Scheidenteils mit einem Messer heraus

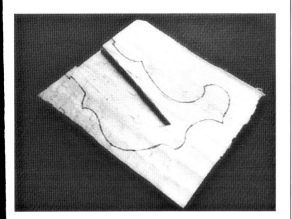

Abb. 15 Der hintere Teil der Scheide mit der Vertiefung für die Messerklinge ist fertig

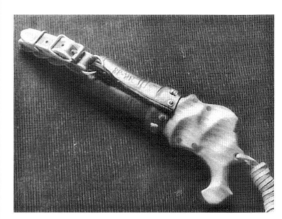

Abb. 18 Rückenansicht der fertigen Scheide mit der montierten oberen Scheide und dem Anhänger

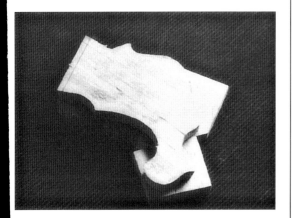

Abb. 16 Vorder- und Hinterteil werden verleimt

Abb. 19 Vorderansicht der fertigen Scheide

Traditionsmesser

Das Hüttenmesser besitzt
historische Vorbilder, besonders
im schwedischen Dalarna.
Es waren Hirtinnen, die solche
Messer benutzten, wenn sie den
Sommer auf den Bergweiden
verbrachten und in Almhütten
wohnten. Das Messer war vor
Verlust mit einer Kappe
geschützt. Der Tradition entsprechend besteht der Griff aus
Birkenmaserholz. Die Klinge ist
aus laminiertem Stahl handgeschmiedet. Der Dekor auf der
Scheide ist mein Zusatz.

Dieses Messer ist unter den Bezeichnungen »Kappenmesser« oder »Hüttenmesser« bekannt. Die Scheide ist mit einer Kappe ausgestattet, die aus dem gleichen Leder besteht wie dem der Scheide. Die Kappe bewegt sich auf einem Lederriemen, der als Aufhängung dient. Sie sorgt dafür, daß das Messer nicht verloren geht. Diese Messerform hat alte Vorbilder, etwa in der Gegend von Siljansbygden und Umgebung. Von dort hat sie sich in andere Teile Schwedens verbreitet, bis hin nach Finnland und noch weiter. Hüttenmesser wurden von den Hirtinnen benutzt, die den Sommer über das Vieh beaufsichtigten und in Berghütten wohnten. Eine farbige Abbildung des Messers finden Sie auf der hinteren Umschlagseite.

Bei den Werkstoffen für das Messer folgte ich den Traditionen und benutzte Birkenmaserholz und eine Klinge aus laminiertem Stahl. Dagegen machte ich die Scheide nicht aus Rohleder, sondern aus pflanzlich gegerbtem Leder, mit und ohne rauhe Kanten. Dieses weichere Leder hält die Kappe besser. In einem Punkt habe ich mich nicht an das Original gehalten. Die Scheiden waren früher gar nicht oder nur sehr sparsam dekoriert, während ich mir erlaubt habe, meine Messer zu verzieren.

Angesichts der Griffform ist es angebracht, sich an den ursprünglichen geraden Typus ohne Fingerschutz und ohne geschwungenes Endstück zu halten. Die Form der Scheide und der Kappe begrenzen da die Möglichkeiten. Allerdings eignen sich auch einige andere Grifftypen.

Vor einigen Jahren machte ich ein Kappenmesser mit konischem Griff und Fingerschutz vorn und hinten. Die Herstellung der Scheide brachte viele Extraarbeiten mit sich. Ich war gezwungen, alle Vertiefungen mit Modelliermasse auszugleichen, um eine möglichst gerade Form zu erhalten, bevor ich nähen konnte. Diese Scheide nähte ich direkt auf dem Messer.

Machen Sie dieses Messer so wie auf **Seite 23** beschrieben **(siehe Abb. 1).**

Die Scheide

Es gibt verschiedene Möglichkeiten, eine Scheide mit Kappe herzustellen. Entweder beginnt man mit der Naht vorn und führt sie an der Rückseite herunter, oder man näht oben eine separate Lederscheibe ein.

Die Scheide kann als Ganzes über einen Leisten genäht werden. Sobald das Leder trocken ist, schneidet man die

Abb. 1 **Das fertige Messer mit einer Klinge aus laminiertem Stahl und einem Griff aus Maserholz**

Kappe ab. Näht man über einen Leisten, muß das Leder sehr genau zugeschnitten werden. Das bedeutet, daß es einige mißglückte Versuche geben kann, bevor Sie Erfolg haben. Es gibt zwei unterschiedliche Möglichkeiten, dies zu machen.

Umwickeln Sie den Leisten mit Papier und schneiden es anschließend auf. So erhalten sie eine Vorlage, die dem zu nähenden Lederstück schon sehr ähnlich ist. Papier um einen Leisten zu wickeln ist eigentlich kein Problem. Schwieriger ist es, Papier für die Kappe zu falten oder zu wickeln. Es ist in diesem Arbeitsstadium noch sehr schwierig, das genaue Aussehen zu bestimmen. Aber so geht es, geben Sie nur nicht auf!

Die zweite Möglichkeit ist, den Leisten ganz mit Abklebeband zu umwickeln. Dieses wird dann in der Mitte der Rückseite aufgeschnitten. Ich selbst arbeite meist nach dieser Methode.

Erwarten Sie nicht, daß die Arbeit auf Anhieb gelingt – aber wenn Sie die richtige Form gefunden haben, können Sie anschließend eine Schablone machen, nach der sich unzählige schöne Scheiden anfertigen lassen. Mit einem Leisten kann man aber auch Scheide und Kappe getrennt herstellen.

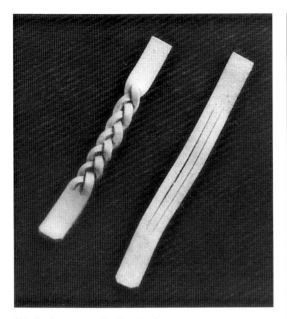

Abb. 2   So machen Sie einen Zopf

Die Arbeit mit dem Leisten hat den Nachteil, daß man die Messer jedesmal in exakt gleichen Abmessungen herstellen muß, da sonst die Scheide nicht paßt. Um diese Schwierigkeiten zu umgehen, bevorzuge ich einen dritten Weg: Ich benutze das Messer selbst als Leisten und nähe sowohl die Scheide als auch die Kappe direkt darauf. Um es weiter zu vereinfachen, machen Sie eine Sattlernaht in ein Stück Leder, das etwas größer ist als erforderlich. So brauchen Sie nicht gleich die exakte Größe des Leders auszuschneiden, sondern können das Leder nach dem Vernähen zurechtschneiden. Vielleicht

Abb. 3   Die Zöpfe werden mit Lederfarbe gefärbt

sind über einen Leisten genähte Scheiden eleganter, weil die Nähte nicht so hervortreten – aber das ist wohl Geschmacksache.

Zu Beginn der Arbeiten ölen Sie die Klinge ein und umwickeln sie mit Klebeband, daß keine Feuchtigkeit darankommt. Je mehr Schichten Sie herumwickeln, desto mehr Spielraum haben Sie, nachdem Sie das Band entfernt und die Scheide fertiggestellt haben.

Auf ihrer Vorderseite habe ich zwei geflochtene Verzierungen angebracht. Dies ist der erste Schritt **(Abb. 2)**. Wie man die Zöpfe macht, habe ich bereits auf **Seite 111** beschrieben. Ich nehme einen 9 mm breiten Lederstreifen aus dünnem Rentierleder. Sind beide Zöpfe fertig, färbe ich sie nach Wunsch mit Lederfarbe ein **(Abb. 3)**. Später geht das nicht mehr, da sie auf Leder in Naturfarbe sitzen. Die Zöpfe müssen vor dem Montieren gründlich trocknen. Ich umwickle den Griff mit einigen Lagen Plastikfolie, um ihn gegen die Feuchtigkeit des Leders zu schützen, nicht den ganzen Griff, sondern nur den Teil, der in die Scheide kommt **(Abb. 4)**.

Jetzt wird die senkrechte Mittellinie auf dem Leder festgelegt. Markieren Sie mit einem weichen Bleistift die Position der Zöpfe, die später parallel dazu links und rechts montiert werden **(Abb. 5)**. Der Strich läßt sich leicht wegradieren. Machen Sie mit dem Locheisen und einem Stecheisen vier rechteckige Durchbrüche. Die Enden der Zöpfe werden nach innen gesteckt und mit Kontaktkleber befestigt.

Ist der Kleber gründlich getrocknet, legen Sie das Lederstück mindestens eine Stunde in lauwarmes Wasser. Dann legen Sie das Leder um den Griff und klammern es mit einigen Leimzwingen zusammen, die gleichzeitig die Naht markieren. Kennzeichnen Sie mit dem Rändelrädchen die Position der Naht und durchstechen das Leder senkrecht zu seiner Oberfläche mit einem Pfriem. Anschließend wird mit einer Sattlernaht vernäht **(Abb. 6)**.

Jetzt machen Sie die seitlichen Schlaufen, durch die der Riemen gehen soll.

Machen Sie zwei waagerechte Einschnitte im Abstand von ungefähr einem Zentimeter. Lassen Sie dabei das Messer nicht in der Scheide, das Stecheisen würde es beschädigen. Schieben Sie statt des Messers einen Holzklotz in die Scheide, um eine Unterlage für das Stecheisen zu haben **(Abb. 7 auf Seite 124)**.

Dehnen Sie die Schlaufen vorsichtig mit kleinen Pflöcken, so daß ausreichend große Ösen für den Riemen entstehen. Die Pflöcke bleiben an Ort und Stelle, während ich den Holzklotz herausziehe und das Messer wieder einführe. Die Ösen müssen in ihrer Größe zum Riemen passen, der hindurchgeführt werden soll. Jetzt wird die Scheide zum Trocknen mindestens einen Tag beiseite gelegt.

Da die Kappe mit einer Sattlernaht versehen werden soll, suchen Sie ein passendes Stück Leder aus **(Abb. 9 auf Seite 124)**. Es ist nicht immer einfach die richtige Form zu entwickeln. Ich richte mich nach der bewährten Methode und markiere den Verlauf der Naht mit Leimzwingen. Das Leder wird so um das Ende des Griffes gelegt, daß die Naht nach hinten zu liegen kommt. Die Naht muß sich genau den Konturen des Griffendes anpassen und der Verlauf hinten und oben mit Leimzwingen markiert werden. **(Abb. 10 auf Seite 124)**. Die Klammern hinterlassen einen Abdruck, der den ungefähren Verlauf der Naht markiert.

Kommen Sie mit dieser Methode nicht klar, können Sie das Leder auch mit den Fingern spannen und direkt von der Spitze nach unten vernähen. Das Leder muß gut durchfeuchtet sein, sonst läßt es sich nicht nähen. Die Naht beginnt entweder unten oder oben an der Vorderseite **(siehe Abb. 11 und 12)**.

Ist die Kappe genäht, werden die Schlaufen für den Riemen geschnitten. Um den Messergriff nicht zu beschädigen, nehmen Sie die Kappe vom Messer und stülpen sie über einen Holzleisten, auf dem man gut schneiden kann **(Abb. 13)**.

Machen Sie die waagerechte Schnitte mit gleichem Abstand und in gleicher Höhe auf beiden Seiten. Die Schlaufen müssen oft schrittweise aufgeweitet werden. Man nimmt zuerst dünnere runde Pflöcke und später dickere **(Abb. 14)**.

Ist die Kappe trocken, wird sie zunächst an die Scheide angepaßt. Die Stoßkanten müssen sauber sein und dicht schließen, und die Kappe muß die richtige Höhe erhalten. Ich empfehle, sie sicherheitshalber etwas größer zuzuschneiden. Jetzt können die Nähte zurückgeschnitten werden. Zuerst nehme ich ein Messer und dann einen speziellen Kantenschneider.

Jetzt kann die Scheide nach Wunsch mit Lederfarbe gefärbt werden **(Abb. 15)**. Tragen Sie dazu mit dem Pinsel

Abb. 4 Der Griff wird mit Kunststoffolie umwickelt

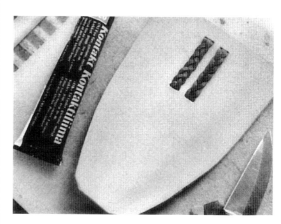

Abb. 5 Die Zöpfe werden montiert

Abb. 6 Vernähen Sie den unteren Teil der Scheide

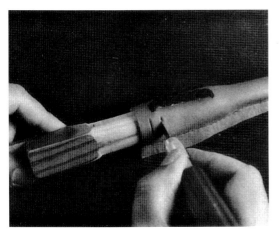

Abb. 7 Schneiden Sie Schlitze für die Riemenschlaufen

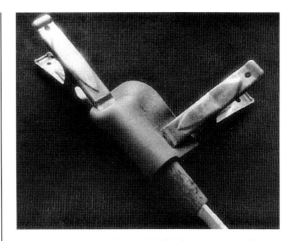

Abb. 10 Die Lage der Naht wird mit Leimzwingen markiert

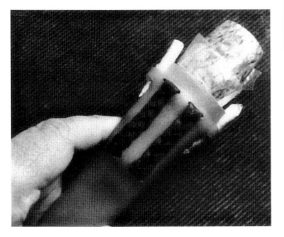

Abb. 8 In die Schlaufen werden runde Keile gedrückt. Dabei steckt das Messer in der Scheide

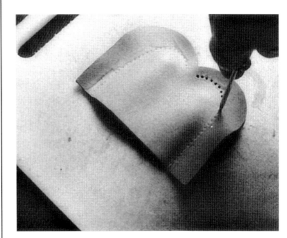

Abb. 11 Stechen Sie die Löcher für die Naht mit einem Pfriem

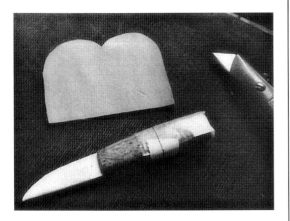

Abb. 9 Schneiden Sie das Leder für die Kappe

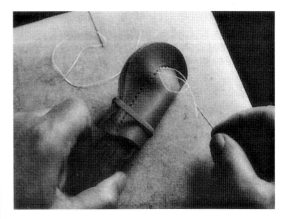

Abb. 12 So wird vernäht

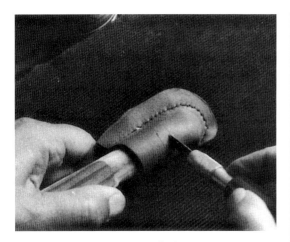

Abb. 13 Machen Sie Einschnitte für die Schlaufen

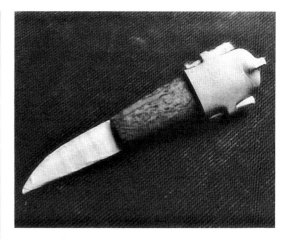

Abb. 14 Nähen Sie die Kappe, während die Schlaufen ausgedehnt werden

drei Lagen Farbe auf, damit eine gute Deckkraft erreicht wird. Die Lederfarbe muß zwischen den einzelnen Behandlungen gründlich trocknen. Polieren Sie jede neue Farbschicht mit einem weichen Lappen. Wenn man die Scheide in dem üblichen pflanzlich gegerbten Leder hergestellt hat, kann man sie dadurch steifer machen, daß man auf der Innenseite einige Schichten Klarlack aufträgt.

Jetzt brauchen Sie nur noch einen Lederriemen in passender Stärke und Länge zuzuschneiden. Er wird durch die Schlaufen an Scheide und Kappe geführt und wie auf **Abb. 16** verknotet. Behandeln Sie die Scheide mit Lederfett, bis das Leder sich vollgesogen hat. Danach wird sie poliert und zuletzt mit Schuhcreme behandelt, um den Glanz zu erhöhen.

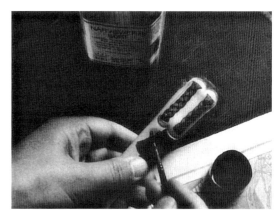

Abb. 15 Behandeln Sie die Scheide mit Lederfarbe

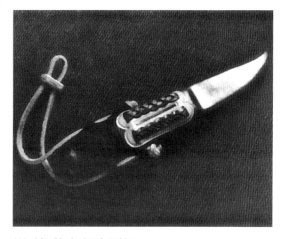

Abb. 16 Die fertige Scheide

Jagd- und Fischereimesser

Dies ist ein vielseitiges Messer, das besonders für die Jagd und zum Fischen geeignet ist. Der Griff hat norwegische Vorbilder und ist aus Lindenholzwurzel hergestellt. Die Klinge besteht aus rostfreiem Stahl und ist handgeschmiedet. Das Leder der Scheide wurde pflanzlich gegerbt. Die Scheide hat rauhe Kanten und ist mit eingeschnittenem Dekor verziert.

Bei diesem Messer ist es notwendig, zuerst die Scheide zu machen. Anschließend wird das Messer hergestellt, das dann genau in die Scheide paßt. Mein Messer hat einen Griff aus Lindenwurzel. Die erforderlichen Arbeitsschritte sind auf **Seite 24** genau beschrieben, auf der Umschlagseite finden Sie eine farbige Abbildung dieses Messers.

Eine Scheide mit eingeschnittenen Verzierungen

In Schweden sind Messerscheiden mit eingeschnittenem Dekor immer noch ungewöhnlich. Im benachbarten Norwegen gibt es dagegen zahlreiche schöne Beispiele dieser Schmucktechnik. Sie wird dort schon lange angewandt und zwar ganz besonders bei Holzschnitzmessern. Früher wurden diese verzierten Messer zur Volkstracht getragen. Der Messertyp existiert seit Hunderten von Jahren, vielleicht schon seit Tausenden, und war im Alltagsleben unentbehrlich. Kein Wunder, daß wir in Norwegen die echten Meister dieser Schmucktechnik finden, die sich ganz auf Messerscheiden spezialisiert haben. Die Variationsmöglichkeiten sind unendlich, wobei die Ornamentik aus dem italienischen Barock des 16. Jahrhunderts herrührt und die Akanthuspflanze stilisiert, ein distelähnliches Gewächs wärmerer Länder. Mitte des vorigen Jahrhunderts hielten diese Muster in Norwegen ihren Einzug und werden bis heute verwandt.

Nach dieser Technik zu arbeiten ist kein billiges Vergnügen. Es ist heute teuer, sich das notwendige erstklassige Leder zu beschaffen. Üben Sie daher zunächst an Abfallstücken. Erst wenn Sie sicherer geworden sind, sollten Sie sich an eine ganze Messerscheide wagen. Suchen Sie Literatur zur Lederdekoration, um mehr zu erfahren, vielleicht auch zum Thema Linolschnitt und Holzschnitzen.

Um ein Muster in die trockene Scheidenoberfläche zu schneiden, braucht man ein Messer mit V-förmiger Schneide, wie es zum Holzschnitzen benutzt wird **(Abb. 2)**. Kleine Holzschnitzmesser sind recht gut für diese Arbeiten, aber am besten ist eben das Messer mit V-förmiger Schneide. Dessen Griff ist so kurz, daß er in der geschlossenen Faust verschwindet, nur die Spitze schaut noch heraus. In Norwegen, wo es die wirklichen Spezialisten für geschnittene Lederverzierungen gibt, wird generell der sogenannte Geißfuß verwendet, ein speziell entwickeltes Messer mit V-förmiger Schneide.

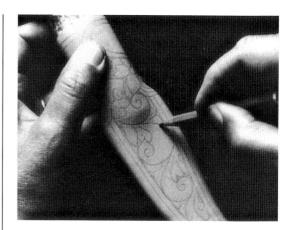

Abb. 1   Zeichnen Sie das Muster mit einem Bleistift auf die Scheide

Wahrscheinlich ist für Sie ein preiswerter Satz kleiner Holzschnitzmesser aus einem Warenhaus ausreichend. Diese sind gut zu gebrauchen, wenn man sie gründlich schleift und auf dem Abziehstein schärft. Besser arbeiten Sie jedoch mit einem Satz Linolschnittmesser. Er besteht meist aus einem kurzen Holzgriff mit fünf verschiedenen, auswechselbaren kleinen Klingen.

Die Schärfe dieser Werkzeuge läßt sich deutlich verbessern, wenn man die Spitze nachhärtet: Erwärmen Sie die Spitze über einer entsprechenden Wärmequelle (225 bis 230 °C), bis sie gelb-rot wird. Tauchen Sie sie dann in kaltes Wasser. Die Spitze ist nun sehr hart, aber auch relativ bruchempfindlich, behandeln Sie sie mit Sorgfalt!

Ziehen Sie die Klinge ab und polieren Sie daran eine feine Schneide. Machen Sie einige Experimente und schlei-

Abb. 2   Ein sogenannter Geißfuß

Abb.3   Die richtige Handhabung des Messers

fen Sie die Klinge auf verschiedene Art und Weise. Probieren Sie eine gerade Schneide aus, eine vorstehende oder zurückgezogene Spitze, und finden Sie selbst heraus, welche für Sie am besten paßt. Ein spitzes Messer hilft Ihnen immer gut bei der Arbeit, auch ein Skalpell mit spitzer Klinge ist ein scharfes und gutes Werkzeug. Welche Art von Schnitzwerkzeug Sie auch wählen, so darf der Griff doch niemals zu lang sein. Er muß ganz in der Hand verschwinden können.

Die Arbeitstechnik

Erlauben Sie mir zunächst die Feststellung, daß es nicht leicht ist, ein hübsches und ausgewogenes Dekor herzustellen. Aber lassen Sie sich nicht davon abhalten, irgendwann einmal ein herausragender Meister dieser Technik zu werden. Um Ihnen Fehler zu ersparen, möchte ich Ihnen hier einige Ratschläge geben, die aus meiner Erfahrung stammen.

Die Scheide, die Sie verzieren wollen, muß aus erstklassigem Leder hergestellt worden sein. Es darf gern 3 bis 4 Millimeter dick sein, damit Sie ausreichend Wandstärke beim Schneiden haben und trotz der Einkerbungen eine kräftige, feste Scheide erhalten. Es ist sehr wichtig, daß die Lederoberfläche hart, glatt und so eben wie möglich ist. Das weiche, dünne und schlaffe Leder vom Bauch oder Hals ist ungeeignet. Sie haben das Gefühl, in einen Teig zu schneiden. Versuchen Sie daher, Brandsohlenleder zu bekommen, das für diese Arbeit am besten geeignet ist.

Zunächst zeichnen Sie das gewünschte Muster auf die Scheide. Ich entwerfe es zunächst auf Transparentpapier.

Danach feuchte ich die Lederoberfläche leicht an, bedecke sie mit etwas Kunststoffolie und lege mein Papier oben drauf. Das Muster läßt sich nun recht leicht übertragen, indem Sie es durchdrücken. Ist die Oberfläche der Scheide trocken, zeichnen Sie die Linien mit einem weichen Bleistift nach. Zum Durchpausen verwenden Sie am besten eine Stricknadel **(Abb. 1 auf Seite 127)**.

Arbeiten Sie konzentriert, wenn Sie in das Leder schneiden. Im Gegensatz zu dem, was man vermutet, führt man Bewegungen mit dem gesamten Oberkörper aus und nicht nur mit der Hand oder den Fingern. Die Kraft, die das Werkzeug vorwärts drückt, sollte aus dem Oberkörper, Rücken und Schultern kommen. Schaffen Sie sich daher eine bequeme Arbeitshaltung, damit Sie nicht so schnell ermüden.

Ich arbeite am liebsten an einem Fenster, das nach Norden geht, dort habe ich weiches, diffuses Licht. Sie können aber auch improvisieren: Spannen Sie vor das von Ihnen ausgewählte Fenster eine dünne Gardine, ein Laken oder ähnliches. So erhalten Sie Licht, das Sie erkennen läßt, was Sie schnitzen und was dabei herauskommt. Sie können auch einen kleinen Holzrahmen (ca. 0,5 × 1 m) herstellen und diesen mit Pergamentpapier bespannen. Stellen Sie diesen Schirm vor Ihr Fenster, um direktes Sonnenlicht auszuschließen.

Sind Sie mit dem Griff Ihres Messers nicht zufrieden, machen Sie sich selbst einen neuen, der in Ihre Hand paßt. Das Werkzeug sollte Teil Ihrer Hand werden, fast wie ein sechster Finger. Fertigen Sie eine Halbkugel mit einem Durchmesser von ca. 4 cm an. Bohren Sie ein Loch in das Zentrum der flachen Seite, um dort das Werkzeug zu befestigen. Trennen Sie am Umfang ein wenig, ca. 1,5 cm, von der Halbkugel ab. So können Sie das Werkzeug bequem zur Seite legen, ohne daß es wegrollt. Der Daumen liegt fast ganz am vorderen Ende des Messers, während die Fingerspitzen es am Griff leicht hin und her bewegen **(Abb. 3)**. Das Messer wird auf die Oberfläche des Leders gesetzt und mit Daumen und Fingern vorwärts gelenkt. Dabei übt die Handfläche einen leichten Druck aus.

Der Winkel zwischen Werkzeug und Leder ist wichtig. Ein zu steiler Winkel läßt das Messer tief in das Leder dringen, so daß es dort feststeckt. Ein Messer, das zu flach gehalten wird, rutscht von der Lederoberfläche ab und verliert den Kontakt zum Werkstück. Üben Sie diese Arbeitstechnik ausführlich mit Abfallstücken.

Behalten Sie mit Ihren Daumen stets den Kontakt mit der Lederoberfläche, um nicht die Kontrolle über das Werkzeug zu verlieren. Halten Sie den Geißfuß im richtigen Winkel und lassen Sie den Daumen auf dem Werkzeug ruhen. Die Spitze des Werkzeugs steht vor Ihrem Daumen um ca. 0,5 bis 1 cm vor. Für kurze Schnitte bewegen Sie den Daumen nicht. Halten Sie Ihr Arbeitsstück ruhig, bekommen Sie einen geraden Schnitt. Drehen Sie Ihr Arbeitsstück und bewegen gleichzeitig das Werkzeug nach vorn, erhalten Sie einen geschwungenen Schnitt von gleicher Länge.

Mit etwas Übung können Sie sowohl lange gerade als auch lange gebogene Schnitte anfertigen, wenn Sie Ihren Daumen weich mit einer gleichmäßigen Bewegung nach vorn gleiten lassen. Nochmal: Für kurze Schnitte halten Sie den Daumen auf der Oberfläche ruhig. Für lange Schnitte gleitet der Daumen weich auf der Lederoberfläche und folgt dem Werkzeug. Wenn Sie geschwungene Schnitte anfertigen wollen, ist es also besser, wenn Sie Ihr Arbeitsstück bewegen, und nicht Ihre Hand oder Ihren Arm. Ich unterlege mein Arbeitsstück immer mit einem dicken kleinen Buch, das mit einem Lappen bedeckt ist. Es ist so leichter, das Stück zu bewegen, als wenn es direkt auf der Tischplatte liegt. Sie finden sicher auch etwas anderes als ein Buch, nur das Arbeitsstück muß sich leicht seitwärts bewegen lassen.

Die Tiefe und Breite Ihres Schnittes hängt natürlich von der Größe des Messers ab, das Sie benutzen. Aber genauso wichtig ist der Winkel, den das Werkzeug zur Lederoberfläche einnimmt. Ein großer Winkel gibt einen tiefen, breiten Schnitt, ein flacher Winkel einen schmalen, dünnen. Es gibt eine Maximaltiefe, die das Messer erreichen kann, bevor es steckenbleibt. Sie finden schnell heraus, wo die Grenzen liegen.

Wollen Sie einen gleichmäßig tiefen und breiten Schnitt machen, müssen Sie kontinuierlich nach Beginn des Schnittes den Winkel verkleinern. Machen Sie das nicht, gräbt sich die Spitze des Messers in das Leder ein. Die Technik erfordert einige Übung, bis Sie einen sauberen Schnitt erreichen, aber geben Sie nicht auf! Bei ausreichender Übung entwickeln Sie bald das richtige Gefühl. Die Breite und Tiefe verändert sich ganz einfach dadurch, daß Sie die Hand heben oder senken. Machen Sie keine hastige Auf- oder Abbewegung. Die kleinste Veränderung wird unmittelbar sichtbar. Vertikale Bewegungen Ihrer Hand resultieren in einem ungleichmäßigen Schnitt.

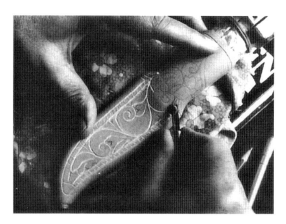

Abb. 4   Arbeiten Sie die äußeren Konturen heraus

Für feine Schnitte brauchen Sie eine kleinere Klinge, um ausreichende Tiefe zu erhalten. Einen sich verjüngenden Schnitt erhalten Sie, indem Sie gegen Ende die Hand absenken. Haben Sie einen gleichmäßigen Schnitt erreicht, der an den Enden breiter oder schmaler werden soll, drehen Sie einfach das Werkstück und schneiden noch einmal von der anderen Seite mit gleicher Tiefe.

Machen Sie geschwungene Schnitte und bewegen Ihr Arbeitsstück unter der Spitze des Messers hin und her, so sagt Ihnen nur Ihre Erfahrung, wie schnell Sie das Werkstück hin und her drehen und wie hoch Sie das Messer halten sollen. Werden die Außenflanken in den Kurven zu tief und bekommen fransige Kanten, drücken Sie das Messer etwas mehr auf die entgegengesetzte Seite. Man beginnt am besten mit den innenliegenden Mustern und arbeitet sich von dort nach außen vor.

Machen Sie zum Beispiel einen Schnitt rechtwinklig gegen einen anderen, achten Sie darauf, daß die Schneide den bereits ausgeführten Schnitt nicht beschädigt. Wollen Sie die Oberfläche Ihres Werkstücks mit einem Rautenmuster versehen, so wählen Sie den Winkel zwischen den Schnitten nicht zu klein. Sie benötigen mindestens 30 Grad.

Anfänger schneiden meistens zu tief. Es ist besser, zuwenig als zuviel zu entfernen. Später, wenn Sie größere Sicherheit erlangt haben, ist das kein Problem mehr. Sie müssen eben soviel wie möglich üben.

Arbeiten Sie in folgenden Schritten, wenn Sie ein Muster schneiden:

1. Machen Sie die umrahmenden Schnitte zuerst **(Abb. 4)**

Abb. 5 Entfernen Sie die Flächen zwischen den Ranken

Abb. 6 Schneiden Sie die Blattadern aus

2. Innerhalb der Muster gibt es Flächen, die vertieft werden müssen, damit die Ornamente besser zur Geltung kommen. Schneiden Sie um diese herum ein und entfernen Sie das obere Leder mit dem Skalpell oder einem kleinen Hobbymesser **(Abb. 5)**

3. Schneiden Sie zuletzt die feinen Details aus, wie zum Beispiel die Adern eines Blattes. Nehmen Sie dazu das kleinste Messer **(Abb. 6)**.

Die Oberflächenbehandlung

Ist der Dekor fertig, kann die Oberfläche ihre abschließende Behandlung erhalten. Zuerst schleifen Sie mit dem feinsten Schleifpapier, das Sie bekommen können. Entfernen Sie lose sitzende Lederfasern mit einer Flamme oder einer Lötlampe, die Sie schnell über die Lederoberfläche führen. Vermeiden Sie Kerzen und Streichhölzer, die das Leder schwärzen.

Soll das Leder seine Farbe behalten, reiben Sie die Scheide nur mit Lederfett ein oder überziehen Sie sie mit verdünntem Klarlack. Der Klarlack sollte mit Methylalkohol verdünnt werden. Behandeln Sie die Oberfläche mehrmals und lassen sie zwischendurch trocknen.

Bevorzugen Sie für Ihre Scheide braune oder schwarze Farbe, behandeln Sie sie mit der entsprechenden Lederfarbe **(Abb. 7)**. Danach bringen Sie mehrere Schichten der oben genannten Lacklösung auf.

Sammeln Sie Bücher, Zeitungen, Artikel und Bilder, die Scheiden mit eingeschnittenem Dekor zeigen. Je länger

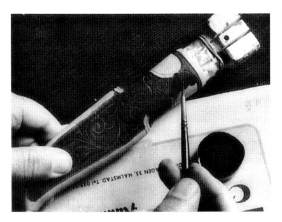

Abb. 7 Die Scheide wird mit Lederfarbe behandelt

Abb. 8 Die fertige Messerscheide

Sie diese im Detail studieren, desto mehr fließt später in Ihre Arbeit mit ein. Die fertige Scheide sehen Sie auf **Abb. 8.**

Das Schärfen des Werkzeugs

Werkzeuge zum Schneiden von Leder, die regelmäßig benutzt werden, müssen regelmäßig geschliffen und abgezogen werden. Stumpfe Werkzeuge verderben die Lederoberfläche, ohne daß sie wieder repariert werden kann. Die Bewegungen eines stumpfen Werkzeugs sind schwer zu steuern. Ein gut geschliffenes und abgezogenes Werkzeug braucht von Zeit zu Zeit meistens nur erneut leicht abgezogen werden, wozu man am besten einen schwarzen Arkansas-Abziehstein oder Vergleichbares benutzt.

Sie müssen nur nachschleifen, wenn die Fase des Werkzeugs eine konvexe runde Form angenommen oder Scharten bekommen hat. Diesen Nachschliff machen Sie auf einem Schleifstein. Der Schleifstein muß sich gegen die Schneide drehen. Hat man eine völlig gleichmäßige Fase erreicht – dies kontrolliert man am besten durch schräg einfallendes Licht –, kann man mit dem Abziehstein den winzigen Grat entfernen, der sich an der Schneide gebildet hat.

Beginnen Sie mit dem Abziehen auf einem gröberen Abziehstein, zum Beispiel auf einem Arkansas-Abziehstein mittlerer Körnung. Nehmen Sie anschließend den feinen weißen oder den extrafeinen schwarzen Stein. Halten Sie mit einer Hand das Werkzeug so, daß die Hinterkante der Anschliffase am Stein anliegt. Dabei zeigt die Spitze leicht in die Luft. Senken Sie dann die Fase nach unten, bis sie vollständig auf dem Stein anliegt. Das Werkzeug wird diagonal über den Abziehstein geführt, bewegen Sie es dabei hin und her.

Es ist einfacher, den richtigen Winkel einzuhalten, wenn Sie die Fingerspitzen der anderen Hand ganz gerade über die Fase drücken. Leichter Druck ist völlig ausreichend. Führen Sie das Werkzeug auf dem Stein hin und her. Gehen Sie immer wieder auf andere Stellen auf dem Stein über, um ihn nicht nur örtlich abzunutzen. Machen Sie schnelle, rhythmische Bewegungen hin und her. Führen Sie diese mit dem ganzen Oberkörper aus. Den richtigen Winkel halten Sie ein, indem Sie Ihren Arm nicht bewegen. Sind Sie mit dem mittelgroben Abziehstein fertig, müssen alle Riefen und Schleifspuren verschwinden. Das erreichen Sie auf einem weißen oder schwarzen Arkansas-Abziehstein.

Sie können Ihre Arbeit als abgeschlossen betrachten, wenn Ihnen ein Probeschnitt in einem Abfallstück des Leders gelingt. Dringt die Spitze des Messers sofort mühelos in das Leder ein, ist das Werkzeug fertig für die Benutzung. Die alte Methode, die Schärfe der Schneide an Ihrem Daumennagel zu prüfen, ist ebenso effektiv.

Prähistorisches Messer

Als in Lappland eine steinzeitliche Siedlung ausgegraben wurde, entdeckten die Archäologen ein Häutungsmesser, das vor etwa sechstausend Jahren benutzt worden war. Im Original war die Klinge aus Knochen hergestellt, trotzdem ließen sich Tiere damit leicht abziehen. Die Form des Messers ist sehr interessant, ebenso die Art, wie es benutzt wurde. Es erinnert überhaupt nicht mehr an Häutungsmesser, die wir heute benutzen. Trotzdem hatte es eine Effektivität, die heutigen Messern in nichts nachsteht. Im Original war der senkrecht zur Schneide stehende Griff mit Lederriemen, vermutlich aus Elchhaut, umwickelt.

Ich habe versucht, eine Kopie des Messers zu machen, dabei aber moderne Werkstoffe verwendet. So ist die Klinge aus Stahl. Der Griff sollte ergonomisch besser sein als der des Originals, aber genauso effektiv. Ich machte eine Zeichnung der Klinge im Maßstab 1:1 und schickte sie einem unserer tüchtigsten Schmiede, mit der Bitte, sie für mich herzustellen. Es funktionierte ausgezeichnet. Da er einmal bei der Arbeit war, hat er gleich eine größere Anzahl Klingen geschmiedet **(Abb. 1)**. Sehen Sie sich das fertige Messer in der farbigen Abbildung auf der Umschlagseite an.

Um die Klinge möglichst leicht schärfen und abziehen zu können, fertigte er die Klinge aus laminiertem Stahl, das heißt, daß die Mittellage aus hartem Stahl mit zähem Stahl umgeben ist. Diese unterschiedlichen Stähle werden miteinander durch Feuerschweißung verbunden. Die Mittellage, die die Schneide bildet, hat sowohl eine hohe Härte als auch einen hohen Kohlenstoffgehalt. Der außenliegende zähe Stahl schützt die gehärtete Mittellage.

Natürlich kann die Klinge auch aus nur einer Stahlsorte hergestellt werden. Diese Klingen können Sie, soviel ich weiß, nirgendwo fertig kaufen. Falls Sie also ein solches Messer machen wollen, müssen Sie sie bei einem Schmied bestellen und eine Weile darauf warten. Wie man auf den Abbildungen sieht, ist der Schneidenradius ziemlich ungewöhnlich. Die Schneide beginnt zunächst relativ gerade, um dann in einen Bogen mit kleinem Radius überzugehen. Die Spitze selbst sollte ungefähr so aussehen wie bei heutigen Häutungsmessern. Die Klinge ist ca. 4 mm stark.

Für den Griff habe ich Birkenmaserholz gewählt, das hart, widerstandsfähig und dekorativ ist. Der Griff ist so geformt, daß er so bequem wie möglich in der Hand liegt. Man kann verschiedene Formen ausprobieren, das Messer muß nur leicht und wirkungsvoll zu benutzen sein. Oben am Griff befindet sich eine geschwungene Abplattung, die für den Daumen geformt wurde.

Die Form dieses Messers geht auf die Steinzeit zurück. Es handelt sich um ein Häutungsmesser, allerdings verwandten unsere Vorfahren Klingen aus Knochen anstelle von solchen aus Stahl. Das Messer ist, benutzt man es richtig, beim Häuten außerordentlich effektiv, außerdem ist es leicht herzustellen. Aufgrund seiner Form haben wir das Messer mit einem Klingenschutz anstelle einer Scheide versehen.

Sie hat eine wichtige Funktion, da sie dem Daumen eine Auflage bietet, wenn die Schneide in bogenförmigen Bewegungen unter die Haut des Tiers geschoben wird.

Diese hin- und hergehenden Bewegungen werden dabei ständig wiederholt. Ist die Schneide richtig geschliffen und abgezogen, braucht man keine große Kraft, um ein Tier zu häuten.

Wenn Sie ein solches Messer machen wollen, benutzen Sie eine Schablone aus Pappe. Damit läßt es sich leichter arbeiten. Für den Griff wählen Sie ein Stück von ausreichender Größe aus. Es ist immer gut, etwas Reserve zu haben, falls etwas mißlingt. Die Unterkante des Griffes ist geschwungen und hat eine leichte Bogenform. Diese Form fertigen Sie zunächst an, bevor Sie sich an das Einpassen der Angel begeben.

Übertragen Sie den Umriß der Angel auf die Seiten des Griffs. Bohren Sie zwei Löcher in den Rohling in Richtung der auf den Seiten aufgezeichneten Linien. Das Holz, das zwischen den Löchern verbleibt, entfernen Sie mit einer kleinen Stichsäge. Feilen Sie das Loch soweit auf, daß die Angel sich bis auf einen knappen Zentimeter eindrücken läßt. Die Angel wird dann das letzte Stück in den Griff eingeschlagen.

Bevor Sie die Angel verkleben, prüfen Sie, ob das obere Ende des Griffs die richtige Form hat **(Abb. 2)**. Mischen Sie soviel Epoxydkleber an, daß er für die Bohrung im Griff und die Angel ausreicht. Streichen Sie beides mit dem Kleber ein und spannen Sie die Klinge in einen Schraubstock, wobei Sie die Flanken durch Beilagen aus Holz schützen. Anschließend wird der Griff mit einem Gummihammer auf die Angel geschlagen. Jetzt muß das Messer einige Tage ruhen, um den Kleber richtig aushärten zu lassen **(Abb. 3 auf Seite 134)**.

Geben Sie jetzt dem Griff seine Form, wobei die Schablone hilfreich ist. Die Form des Griffs wird auf die Seiten des Werkstücks übertragen. Beginnen Sie mit den Ober- und Unterseiten des Griffs, die mit einer kleinen Laubsäge ausgeschnitten werden **(Abb. 4 auf Seite 134)**. Danach erhalten die Seiten mit Hilfe von Raspel und Feile ihre endgültige Form **(Abb. 5 auf Seite 134)**.

Formen Sie nun auch die Seiten des Griffs. Zu den Enden hin sollte sich der Griff etwas verjüngen, damit er besser in der Hand liegt. Er hat jetzt noch eine vierkantige Form, deshalb müssen Sie ihn abrunden. Als erstes werden die Kanten grob abgeschrägt, was ich immer mit einem

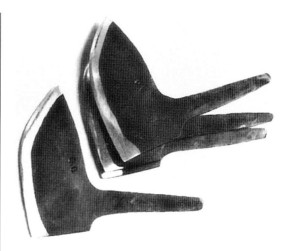

Abb. 1   Klingen für das Häutungsmesser

Messer mache, um die Arbeit besser unter Kontrolle zu haben **(Abb. 6 auf Seite 134)**.

Jetzt haben Sie zwei Möglichkeiten, die endgültige Form herzustellen. Entweder lassen Sie den Griff etwas gröber aussehen und belassen die Spuren des Messers auf der Holzoberfläche. Sie können den Griff aber auch sehr fein schleifen, bis er eine edle Oberfläche wie die anderen Messer erhält. Welche Methode Sie auch wählen, folgen Sie den Anleitungen für den Holzgriff auf **Seite 24**. Beachten Sie auch den Abschnitt über die Oberflächenbehandlung auf **Seite 32**. **Abb. 7 auf Seite 135** zeigt das fertige Messer.

Abb. 2   Geben Sie dem unteren Griffende diese Form

Abb. 3   Klinge und Griff werden montiert

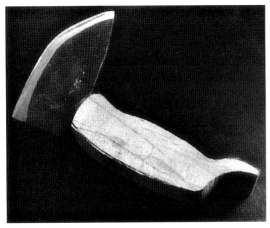

Abb. 4   Die Rohform des Griffs wird ausgesägt

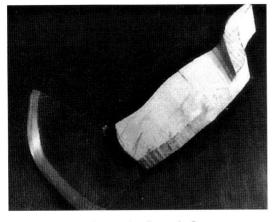

Abb. 5   Auch die Seiten erhalten ihre grobe Form

Der Klingenschutz

Machen Sie den Klingenschutz aus pflanzlich gegerbtem Leder oder Schuhleder, so daß er robust und kräftig wird. Dieser Klingenschutz besteht aus zwei Lederstücken, dazwischen liegt ein schmaleres Lederstück, das mit der Außenkante bündig ist. Um die inneren und äußeren Umrisse zu bekommen, reißen Sie die Form der Schneide in ihrer gesamten Länge auf. Hiervon kann man später leicht die Formen der Seitenteile und des Zwischenstücks abnehmen. Fertigen Sie danach eine Zeichnung, die auf das Leder übertragen wird. Ziehen Sie die Linien mit einem dunkleren Bleistift nach und schneiden das Leder aus (**Abb. 8 und 9 auf Seite 135**).

Kleben Sie das Zwischenstück auf eines der beiden größeren Seitenteile (**Abb. 10 auf Seite 135**). Die Außenkanten der Teile müssen bündig abschließen. Hinten wird noch ein Endstück aufgeklebt, das verhindern soll, daß das Messer aus dem fertigen Klingenschutz rutscht (**Abb. 11 auf Seite 136**).

Danach wird das andere Seitenteil angeklebt. Ist der Kleber ausgehärtet, säubern Sie alle Außenkanten, so daß der Klingenschutz absolut symmetrisch wird (**Abb. 12 auf Seite 136**).

Um den Klingenschutz festzuhalten, wird noch ein Lederriemen benötigt, der quer über die Klinge verläuft. Dieser sollte direkt am Griff anliegen. Das eine Ende wird auf einer Seite des Klingenschutzes angenietet (**Abb. 13 auf Seite 136**). Montieren Sie auf der gegenüberliegenden Seite einen kräftigen Druckknopf, damit der Riemen dort befestigt werden kann (**Abb. 14**).

Mit dem Druckknopf ist der Klingenschutz im großen und ganzen fertig. Nur die Oberflächenbehandlung steht noch aus. Das Leder kann mit einer Lederfarbe Ihrer Wahl behandelt werden (**Abb. 15**). Danach wird alles mit Lederfett mehrmals eingerieben und anschließend mit Schuhcreme poliert.

Abb. 6   Die endgültige Form erhält der Griff mit dem Messer

Abb. 7   Das fertige Messer

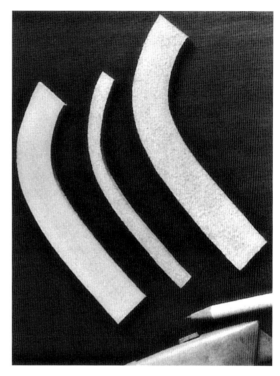

Abb. 9   Schneiden Sie Lederstücke für den Klingenschutz

Abb. 8   Übertragen Sie den Umriß des Klingenschutzes auf
das Leder

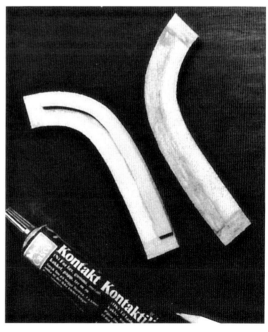

Abb. 10   Kleben Sie das Zwischenstück auf eine der
Außenseiten

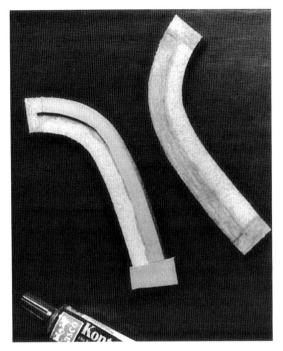

Abb. 11   Das Endstück bekommt seinen Platz

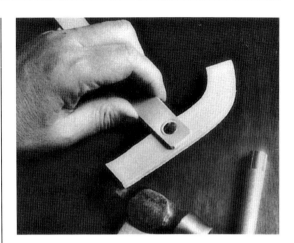

Abb. 13   Nieten Sie den Riemen an

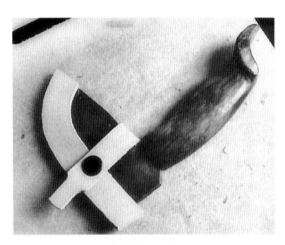

Abb. 14   Der Riemen wird fertig montiert.

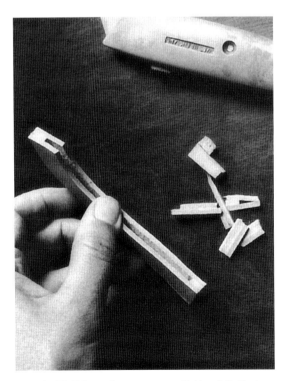

Abb. 12   Die Teile werden zusammengeklebt und die Kanten
sauber beschnitten

Abb. 15   Färben Sie den Klingenschutz ein

Faszination Dutch-Oven
Ein Kochgeschirr mit 1.000 Möglichkeiten.

Deckelheber 19,90 Euro

Kohlenzange 19,90 Euro

Dutch-Oven 12" tief 189,– Euro

Der Dutch-Oven ist ein schwerer Topf aus Gußeisen mit einem exakt passenden Deckel. Es gibt die Dutch-Oven in verschiedenen Größen zwischen 8 und 16 Zoll Durchmesser. Das massive Gußeisen heizt sich langsam und schonend für die Speisen auf. Einmal erhitzt, benötigt ein Dutch-Oven erstaunlich wenig Glut für den Garvorgang. Das schwere Material gleicht die unregelmäßige Hitze eines Feuers aus und gibt diese schonend an die Speisen weiter. Der eingeschliffene Deckel hält durch sein Gewicht und die exakte Paßform den Topf dicht verschlossen. Die Speisen garen dadurch im eigenen Dampf, ähnlich wie in einem Dampfdrucktopf. Fleisch wird so unvergleichlich zart und saftig.

Der Dutch-Oven ist mit drei Beinen ausgestattet, damit man die Glut darunter schieben kann. Warum nur drei Beine? Ganz einfach: Drei Beine wackeln nie! Der Deckel hat einen erhöhten Rand, damit die darauf geschichtete Glut nicht herunterfällt. So wird der Dutch-Oven von allen Seiten aufgeheizt.

Steigen auch Sie ein in die Welt der Dutch-Oven Küche. Die Größe 12" tief mit 8 Litern Inhalt ist die beliebteste in Deutschland. Wir haben aber alle Größen für Sie vorrätig. Greifen Sie jetzt zu – der Sommer ist da!

VENATUS Verlags-GmbH • Steinriedendamm 15 • 38108 Braunschweig • Telefon: (05 31) 37 75 12 • Fax: (05 31) 37 75 38 • bestellung@venatus.de

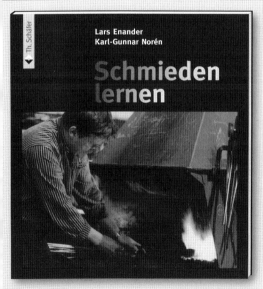